中国特色高水平高职学校和专业建设计划建设成果
浙江省高职院校重点暨优质校建设成果
浙江省高校"十三五"优势专业保险专业建设成果
浙江省普通高校"十三五"新形态教材项目

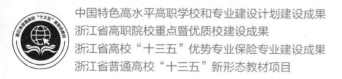

保险合同法教程

A COURSE IN INSURANCE CONTRACT LAW

主　编　冯芳怡

ZHEJIANG UNIVERSITY PRESS
浙江大学出版社

图书在版编目（CIP）数据

保险合同法教程 / 冯芳怡主编. -- 杭州 ：浙江大学出版社，2020.12
ISBN 978-7-308-20739-3

Ⅰ. ①保… Ⅱ. ①冯… Ⅲ. ①保险合同—合同法—中国—高等职业教育—教材 Ⅳ. ①D923.6

中国版本图书馆CIP数据核字(2020)第216076号

保险合同法教程

冯芳怡　主编

责任编辑	樊晓燕
责任校对	杨利军　汪　潇
封面设计	林智广告
出版发行	浙江大学出版社
	（杭州市天目山路148号　邮政编码　310007）
	（网址：http://www.zjupress.com）
排　版	杭州林智广告有限公司
印　刷	杭州钱江彩色印务有限公司
开　本	787mm×1092mm　1/16
印　张	12.5
字　数	230千
版 印 次	2020年12月第1版　2020年12月第1次印刷
书　号	ISBN 978-7-308-20739-3
定　价	39.00元

版权所有　翻印必究　印装差错　负责调换

浙江大学出版社市场运营中心联系方式：0571-88925591；http://zjdxcbs.tmall.com

前　言

　　近几年，随着保险业的快速发展，通过商业保险合同转嫁风险、维持财务稳健已经成为许多个人和企业的选择。不过，由于专业门槛的限制，保险法律规范的大众普及程度相当有限，导致在保险合同的订立和履行过程中纠纷频发，许多合同主体在维护自身合法权益时遇到了不少困难。

　　本教材针对的主要对象是高职高专保险类专业的学生，同时也面向没有专业基础知识但希望了解商业保险合同规则的读者。根据阅读对象的特点，作者在编写过程中减少了专业法律术语和理论知识的阐释，加强了保险合同各阶段实务操作的描述。不同于传统保险法律教材的学科体系，本教材从实用性出发，以现行《中华人民共和国保险法》的法律条文顺序为主线，穿插最高人民法院的司法解释，力图以通俗易懂的方式帮助读者了解保险合同的运作原理、立法目的和维权要点，旨在保护最广大保险合同参与主体的合法权益。

　　本教材分为四章，分别为保险合同的基本原理、保险合同的一般规定、人身保险合同的规定和财产保险合同的规定。每一章分成若干节。每一节以开篇案例为导引，通过理论阐释解决保险合同法律问题。本书还将中华人民共和国保险法、最高人民法院关于适用《中华人民共和国保险法》若干问题的解释（一）（二）（三）（四）作为附录，以方便读者学习。

　　作为一部立体化教材，除了文字编写部分外，作者还对部分重点内容录制了微课资料，并辅之以课后习题及案例，以期帮助读者在较短时间内掌握有关保险合同的法律法规的主要内容和重点、难点。略感遗憾的是，本教材出版之际恰逢《中华人民共和国民法典》颁布，由于立体化教材数字资源的形成需要一个过程，因此本教材的微课视频中尚存在几则源自《中华人民共和国民法总则》或《中华人民共和国合同法》的法律规定，而这两部法律的相关内容现已经纳入《中华人民共和国民法典》的体系中。我们将留待教材再版修订时进行系统调整，望谅解。

　　希望广大读者通过本教材的学习能够有所收获，并欢迎大家提出宝贵意见。

作　者

2020 年 10 月

Contents　目　录

第一章　保险合同的基本原理

第二章　保险合同的一般规定

第三章　人身保险合同的规定

第四章　财产保险合同的规定

附　录

第一章
保险合同的基本原理

► **本章导读**

现行《中华人民共和国保险法》（以下简称《保险法》）于 1995 年颁布。其集保险合同法、保险业法和保险监管法于一体，历经数次修订和完善。近几年，为了适应保险行业日新月异的发展，最高人民法院有针对性地出台了若干司法解释。由此，完整、系统的保险合同法律体系已逐步形成。本章及后续章节要学习的主要内容是《保险法》的保险合同部分及相关司法解释的具体应用。

保险合同是合同的一种，是投保人与保险人之间约定保险权利和义务关系的协议，具备一般合同共通的特征。与此同时，鉴于保险活动不同于一般的商事活动，保险合同又是一种特定的合同，在合同的法律特征、构成要素、成立生效要件、合同解除、无效、变更和终止等方面有不同于一般合同的特殊性。通过本章的学习，希望读者能够掌握保险合同在基本原理上与一般合同的共性及区别。

如何学习保险合同法

第一节　保险合同的概念和法律特征

► **学习目标**

· 了解保险合同的概念

· 了解保险合同的附和性特征

· 了解保险合同的双务性特征

· 了解保险合同的射幸性特征

· 了解保险合同的诺成性特征

> **引 例**

2017 年 8 月 12 日，小王花了 200 元在某保险公司购买了一份意外伤害保险，约定保险期限是 2017 年 8 月 12 日零时至 2018 年 8 月 11 日 24 时，一旦在此期间小王发生意外事故，保险公司将根据此意外伤害保险的合同向小王给付相应的保险金。买了保险后，不知不觉一年过去了，直到保险公司通知小王保险到期是否需要续保时，小王才意识到整整一年保险公司没有支出任何赔款，而自己却向保险公司支付了 200 元保费。是否要续保他犹豫不决。

从小王的角度来看，一般的消费活动是"一手交钱，一手交货"的，而自己购买的这份意外伤害保险却只见"交钱"不见"交货"，觉得自己"吃亏了"。

那么小王是否进行了一次不理性的交易呢？

保险合同与一般合同又有哪些不同？

一、保险合同的概念

《保险法》第十条规定，保险合同是投保人与保险人约定保险权利义务关系的协议。从概念上来讲，保险合同属于一般合同，具备一般合同的基本法律特征。

首先，保险合同是两个或两个以上平等当事人之间法律关系的协议，是当事人之间在平等自愿的基础上意思表示一致的产物。依法成立的保险合同对当事人具有法律约束力，受国家法律的承认和保护。

其次，订立保险合同是以设立、变更、终止保险权利义务关系为目的的民事法律行为。通过保险合同的订立，当事人明确了相互之间的权利和义务，以便顺利开展保险活动。

二、保险合同的特征

保险合同的法律特征

保险合同虽然属于一般合同，但由于交易标的的特殊性，在许多方面与一般合同不同。引例中的小王就是对保险合同的履行产生了疑问。从传统买卖的角度来看，保险合同并无所谓的"一手交钱、一手交货"的做法，投保人通过交付保费获取的是保险公司在特定情况下支付一定金额的承诺。在订立合同时，小王作为投保人没有仔细阅读意外伤害保险合同，并未明确了解该保险合同的履行与一般合同的不同之处，于是产生了疑问。

（一）附和性

附和合同，也称格式合同、标准合同或定式合同，是指由一方预先拟订合同的条款，另一方只能表示订立或不订立，而不能就合同的条款内容与拟订方进行协商的合同。从保险合同的角度来讲，就是保险公司已经事先单方面制订好合同文本，投保人只能选择接受或者不接受，而难以对合同条款逐一进行协商。

保险合同的附和性源自以下因素：（1）保险合同的技术性。保险业的经营须以合理的计算为基础，极具专业性和技术性，如保险风险的评估、保险费率的确定和保险事故的查勘理赔等，普通消费者对这些事项并不熟知，自然无法参与合同内容的拟订。（2）风险标的的同质性要求。保险公司承保的风险标的从表面上看形形色色，但从风险管理角度来看是具有同质性的。为了能与具有相同或类似风险的投保人订立保险合同，就必须保持标准的一致性，如此才是对各方公平的，才能使保险业务运作更具可持续性。（3）交易便捷的需要。如果每次缔约均要与投保人进行充分协商，则既低效成本又高。因此，保险合同一直沿用附和性合同的做法。尽管如此，保险合同的附和性也并非绝对，在特定的险种领域，在针对特殊的投保人时，个别保险合同也有可能采取双方当事人充分协商的方式来订立。

由于合同由当事人一方制订，为了保证另一方当事人的权益不受侵害，《中华人民共和国民法典》合同编（以下简称《民法典》合同编）对格式合同的制订方做出了一定的限制性规定，如提供格式条款一方免除其责任、加重对方责任、排除对方主要权利的条款无效，对格式条款有两种以上解释的，应当做出不利于提供格式条款一方的解释等。

同时，《保险法》也对投保人给予了一定程度的法律保障。一是要求保险人在订立合同时对保险合同条款内容进行说明；二是规定免除保险人责任、加重对方责任或排除对方权利的条款无效；三是一旦保险条款内容发生争议，通过合理解释依然有两种以上意思的，做出不利于保险人的解释。

（二）双务性

合同以给付义务是否由双方当事人互负为标准，可分为双务合同和单务合同。单务合同是指只有一方当事人负有给付义务的合同，如赠予、无偿保管合同等。双务合同是指当事人双方互负对等给付义务的合同，典型的是买卖、租赁等合同。保险合同是双务合同。根据保险合同的约定，双方当事人均需承担相应义务，保险人负有承担保险责任的义务，投保人负有缴纳保险费的义务。

许多人对保险合同有一个误解，如引例中小王的犹豫：如果保险责任期间没有发生事故，保险公司没有赔款或给付，保险人是否履行了义务呢？保险人当然履行了自己的合同义务，因为保险人在保险合同中的义务是承担保障责任，即对一旦发生的保险事故承担损失的补偿或给付责任，由于事故的发生不确定，因此保险公司是否赔偿或给付也不确定。可见，即使没有发生赔付，保险人负有的保障责任义务也一直在履行。

（三）射幸性

射幸合同是指合同当事人一方通过支付的代价所获得的只是一个机会。保险合同是典型的射幸合同。

在保险合同的履行过程中，一旦事故发生，投保人可能获得远远大于所支付的保险费的利益，但如果事故没有发生，则只有保费的支出却没有利益可获得。另一方面，由于事故的发生，保险人将支出保险金的赔偿或给付，但如果事故不发生，则保险人不需要支出任何费用。因此，在保险合同中，双方当事人实际的金钱往来需要视事故是否发生、何时发生、事故造成的损失情况而定。这让当事人双方的支出与收入具有显著的不平衡性。

正是基于保险合同射幸性的特点，保险合同法律特别强调道德风险的控制和保险费率厘定的公平合理。如对于故意制造事故的投保人，保险人有权不承担赔偿或给付保险金的责任。

（四）诺成性

诺成性合同是指以缔约当事人意思表示一致为充分成立条件的合同，即一旦缔约当事人的意思表示达成一致即告成立的合同。那么保险合同是否是诺成性合同呢？即是否保险合同双方当事人意思表示一致，合同即告成立而无须再具备其他要件了呢？

根据《保险法》第十三条的规定，投保人提出保险要求，经保险人同意承保，保险合同成立。保险合同应当是诺成性合同。基于诺成性合同的特点，保险合同的成立不以交付保险费为要件，不过保险合同的生效要件当事人之间可以约定。

同时，基于保险合同诺成性的特点，保险合同也是非要式合同，既符合商事交易的便捷性特点，又有利于对保险消费者的权益进行保护。这使得保险公司对业务员的管理提出了比较高的要求，因为业务员对外以口头或书面形式订立的合同均可以成为日后被保险人要求保险人进行赔款或给付的依据。

➤ **本节内容提要**

保险合同是附和性合同，一般由保险人事先拟定合同文本，投保人只有选择同意或不同意的权力，不得对合同文本进行实质性的修改。

保险合同是双务性合同，订立合同的当事人之间互负义务。即使保险人在整个合同期间没有保险金的支付，也承担了风险保障的责任。

保险合同是射幸性合同，保险人的保险金支付只有待约定的保险事故发生时才产生，而事故是否发生、在何时何地发生、损失程度如何等都是未知的。

保险合同是诺成性合同，当事人双方达成合意即可产生合同成立的法律后果，不需要合同权利或义务的实际履行。

➤ **引例分析**

小王通过学习保险合同的概念和特征后解决了之前的疑惑。

小王在整整一年中没有发生任何意外事故，保险公司就没有任何保险金支付的义务，这是基于保险合同的射幸性特点。同时，小王支出保费的对价是保险公司在保险期间承担了小王可能发生意外事故风险的保障。

其实，无论是小王还是保险公司都不希望意外事故发生，小王购买保险产品，支付了少量保费，却为可能发生的大损失提供了经济上的保障，是一个经济人的理性决策。

➤ **小结自测**

1.保险合同是（　　）约定保险权利义务关系的协议。

A.投保人与保险人　　　B.被保险人与保险人　　　C.被保险人与投保人

2.附和合同中，一方预先拟定合同的条款，另一方（　　）。

A.可以就合同的条款内容与对方协商　B.只能表示订立或不订立　C.只能表示同意

3.保险合同多为附和合同，理由是（　　）。

A.保险合同的技术性　　B.风险标的的同质性要求　　　C.交易便捷的需要

4.以给付义务是否由双方当事人互负为标准，合同可分为（　　）

A.射幸合同　　　B.双务合同　　　C.单务合同

5.保险合同履行过程中，保险人必须履行的义务是（　　）

A.保险金的给付或赔偿　　B.风险保障责任　　　C.减少保险事故的发生

6.保险合同履行过程中，其射幸性是指（　　）

A.因事故的不确定导致保险人的赔偿或给付不确定

B.保险人可以随意履行赔偿或给付义务　　　　C.投保人的缴费数额不确定

7.保险合同的诺成性是指（　　）

A.保险人必须信守承诺　B.双方达成的合意保险合同即成立　C.投保人应当如实告知

8.以下哪些是保险合同区别于一般合同的特有的特征（　　）

A.射幸性　　　B.平等性　　　C.附和性

▶ **复习题**

1.保险合同为何一般采用附和合同形式？

2.如何理解保险合同的双务性？

3.如何理解保险合同的射幸性？

4.小张在某保险公司为自己的爱车投保了一份机动车辆保险，约定在保险期限内若爱车发生意外事故，保险公司将补偿小张的损失。请问，保险合同的基本特征分别体现在哪些方面？

小结自测答案

第二节　保险合同的构成要素

▶ **学习目标**

· 了解保险合同的当事人

· 了解保险合同的关系人

· 了解保险合同的基本条款

· 了解保险合同的客体

▶ **引　例**

某收藏爱好者王某为其珍藏的一幅古代名画向某保险公司投保，约定一旦出现名画被盗等意外事故，保险人要向王某赔偿最高不超过200万元人民币的保险金。当年收藏品市场火热，王某收藏的这幅画估值翻倍至400万元左右。不幸的是，某日王某外出，家中着火，名画被焚，王某痛心不已。

王某遂要求保险公司赔偿，并提出，名画的价值已达400万元，非投保当时的200

万元，要求保险人按前者标准赔偿。

本案中，王某的要求合理合法吗？

王某与保险公司所订立的保险合同保障的对象到底是什么？是名画吗？

一、保险合同当事人

合同订立需要各方意思一致的表示，对保险合同进行意思表示并可以订立合同的是保险合同的订约主体，称为保险合同的当事人。

保险合同的构成要素

保险合同的当事人是指缔结保险合同并直接享有合同权利、承担合同义务的人。根据法律规定，订立保险合同的当事人是保险人和投保人。保险人和投保人在保险合同中承担主要的合同义务。

（一）保险人

保险人也叫承保人，是保险合同缔约过程中的重要当事人之一，在保险合同中享有收取保险费的权利，承担赔偿或给付保险金的义务。保险人是经营保险事业的组织体。《保险法》第十条明确了保险人的定义，并且规定保险人必须是依法设立的保险公司或其他保险组织。

由于保险行业的经营影响广泛，是金融秩序和稳定的重要环节，我国《保险法》的第三章从法律上对保险公司的设立规定了严格的条件。

（二）投保人

投保人，也叫要保人，是与保险人协商订立保险合同的重要当事人，负有交付保险费的义务。

投保人可以是自然人，也可以是法人或其他组织，但要成为缔结保险合同的适格主体则必须具备民事权利能力和相应的民事行为能力。对于自然人而言，民事权利能力是法律确认的自然人享有民事权利、承担民事义务的资格。民事行为能力是自然人独立实施民事法律行为的资格。自然人可以分为完全民事行为能力人、限制民事行为能力人和无民事行为能力人。自然人作为保险合同缔约当事人，必须具备权利能力和完全民事行为能力，也就是说无民事行为能力人和限制民事行为能力人一般不能亲自从事缔结保险合同的法律行为。法人的民事权利能力和民事行为能力始于成立，因此法人自成立之日起即可成为投保人。

此外，与其他合同不同，投保人作为保险合同的一方当事人，本身并不必然享受保险合同的利益，却必须履行保险合同的主要义务即须依约缴纳保险费。事实上，保险合同的利益主要由保险合同的关系人来享受。

二、保险合同的关系人

保险合同是为财产或人身提供风险保障的合同。保险合同关系人是保险合同特有的一类主体，是属于因保险合同的成立而直接享受保险合同利益的人，主要包括被保险人和受益人。

（一）被保险人

被保险人是直接受保险合同保障的主体，《保险法》对其也作了明确的界定，在我国，被保险人可以是自然人、法人或其他单位和组织。

从《保险法》对被保险人的定义来看，被保险人是保险合同的保障对象，是保险合同订立的最终目的的承受者，是保险合同中最特殊也是最重要的主体，其在保险合同中一般仅享有主要的保障利益，即保险金请求权，却很少承担诸如缴纳保险费等主要的合同义务。

既然被保险人是不承担义务仅享有权利的主体，那么被保险人是否有资格限制呢？从我国目前的法律规定来看，任何人，包括自然人、法人、其他组织都可以成为被保险人，尤其是在财产保险中，无论是完全民事行为能力人、限制民事行为能力人还是无民事行为能力人，都可以成为被保险人。但在人身保险合同中，由于保险标的人格化，通常会禁止为未成年人或精神病人等无民事行为能力人投保以死亡为给付保险金条件的保险。

在人身保险合同中，我国《保险法》还赋予了被保险人某种程度上的同意权，这主要表现在以死亡为给付保险金条件的合同中，以及合同受益人的指定问题。例如，《保险法》第三十四条规定，未经被保险人同意并认可保险金额的死亡保险合同无效。《保险法》第三十九条第一款和第二款也规定："人身保险的受益人由被保险人或者投保人指定。投保人指定受益人时须经被保险人同意。"被保险人同意权的设立充分体现了对被保险人人格权的尊重，并且使被保险人能够自己决定自己死亡风险的控制方式，有效防范道德风险。

（二）受益人

受益人，也叫保险金受领人，是保险合同中一类重要的主体，《保险法》第十八条第三款对受益人作了明确的定义。

目前市场上的保险合同主要有财产保险合同和人身保险合同两种，而受益人则主要见之于人身保险合同中，尤其是以被保险人死亡为请求保险金条件的人身保险合同中。我国《保险法》也只是在"人身保险合同"一节中对受益人加以规定。至于财产保险合同中是否应存在受益人，学术界存在诸多争议。

在约定受益人的人身保险合同中，只有在被保险人死亡后受益人才能够获得保险金请求权。《保险法》做了一系列的法律规定，严格防止道德风险的发生。这些，我们将在人身保险合同的章节中进行专门讲解。

三、保险合同的内容

保险合同的内容是指保险合同当事人双方约定的权利和义务。我国《保险法》对于保险合同的基本条款在第十八条中有明确规定。

（一）保险合同主体的名称（姓名）和住所

保险合同的当事人、关系人，是合同条款约定权利的具体享有者和义务的具体承担者。为便于合同的具体执行和沟通联系，除了要求留下名称（姓名）、住所等信息外，还会要求留下电话、邮箱等信息。

（二）保险标的

保险标的是指保险的对象，即保险事故可能损害的对象，具体指投保人申请投保而由保险人承担风险的物质财富及其有关利益、人的身体或生命。

明确保险标的是订立保险合同并履行的前提。根据保险标的的不同，可分为人身保险和财产保险。

（三）保险责任和责任免除

保险责任是指保险合同中约定由保险人承担的保险给付责任。责任免除是指保险人不承担赔偿或者给付责任的范围。

保险责任和责任免除的界定是明确保险人赔偿或给付责任的前提，保险人只对保险责任范围内不属于责任免除部分的事故承担赔偿或给付保险金的责任。

（四）保险期限和保险责任开始时间

保险期限是指保险人承担保险责任的起讫时间。保险人提供保障是存在时间限制的，只有在合同约定的保险期限之内发生的保险事故，保险人才可能承担保险责任。保险期限也是计算保险费的依据，同样的保险责任和保额保险期限越长，收取的保险费就越高。

（五）保险金额和保险费

保险金额是指保险人承担赔偿或者给付保险金责任的最高限额。保险金额和保险责任一般是保险费的计算依据。保险费是投保人向保险人支付的、用以获取保险人提供的保险保障的对价。保险费的交付方式在非寿险中一般是一次性交付，在寿险中多见分期缴费的方式。

（六）保险金赔偿或给付办法

保险金是当保险事故发生后，依据合同约定，保险人需要向被保险人或受益人赔偿或给付的金钱数额。保险金的赔偿与给付关系着被保险人或受益人保险权益的实现，十分重要，因此在订立保险合同时应当明确。

（七）违约责任和争议处理

违约责任是指合同当事人一方不履行合同义务，或者其履行不符合法律规定或合同约定时，应向另一方当事人承担赔偿损失、支付违约金等不利后果。保险合同中明确约定违约责任，有助于保险合同的顺利履行。

（八）合同订立的年、月、日

该日期对于判断保险合同的成立、生效和保险责任的开始日期等具有重要的法律意义。

四、保险合同的客体

保险合同的客体是指保险合同双方当事人的权利和义务所共同指向的对象。学术界对保险合同的客体究竟为何存在争议。一种观点认为是保险标的，即物及其相关利益或人的生命和身体；另一种观点认为是保险利益，即投保人对保险标的具有的法律上承认的利益；还有一种观点则认为是保险人向被保险人的保险利益提供保险保障的行为。

我们认为，在保险合同中，保险合同当事人权利义务共同指向的对象，或者说保险合同保障的对象，应该是保险利益，因为保险合同订立的目的并非保障保险标的本身，而在于发生损失后得到补偿。关于这个问题，我们以机动车辆损失保险合同为例，该保险合同的保险标的是机动车辆，但是保险合同的订立并不能保障保险车辆不发生事故，而只能保障一旦保险车辆发生事故，保险人将根据保险合同的约定及时给予相应的补偿。由此可以得出的结论是，保险合同保障的对象是保险利益而并不是保险标的本身，所以保险合同的客体应当是保险利益。

➤ **本节内容提要**

保险合同的主体分为当事人和关系人。保险合同的当事人是直接参与订立保险合同、约定权利义务关系的人，是保险人和投保人。关系人不直接参与保险合同的订立，但受保险合同的保障，是被保险人和受益人。

保险合同的内容是对双方权利义务关系的约定，《保险法》第十八条明确了保险合同应当明确的基本条款。

保险合同的客体不是保险标的，是保险利益，即保险合同订立的目的不是防止保险标的发生事故，而是对发生事故后被保险人或受益人因此受损的利益进行补偿或给付保险金。

➤ **引例分析**

保险公司的工作人员向收藏爱好者王某解释了保险合同的客体后，王某终于理解了保险合同的本质，不再提出非理性的要求。

王某与保险公司订立的保险合同的标的是名画，客体是王某对名画所具有的保险利益。因此，保险人依据合同所保障的对象并非名画本身，而是王某因名画发生意外可能产生的损失。名画虽是保险合同的标的，但保险人在保险合同中提供的风险保障责任无法直接赔偿名画。因收藏品价值难以确定，双方当事人在保险合同订立时已经约定了名画的价值，保险人的保险金赔偿据此为之即可。

➤ **小结自测**

1.（　　）可以开展保险业务。

A.自然人　　B.依法设立的保险公司　　C.不需要经过批准的公司

2.保险人的主要权利和义务是（　　）

A.承担赔偿或给付保险金的义务　B.收取保险费的权利　C.随时可以解除保险合同

3.保险合同中，负有缴付保险费义务的当事人是（　　）

A.投保人　　B.被保险人　　C.受益人

4.投保人可以是（　　）

A.自然人　　B.法人或其他组织　　C.儿童

5.自然人的民事行为能力分为（　　）

A.完全民事行为能力　　B.限制民事行为能力　　C.无民事行为能力

6.被保险人可以是（　　）

A.自然人　　B.法人或其他组织　　C.儿童

7.订立以被保险人死亡为给付保险金条件的人身保险合同，必须经过（　　）同意。

A.投保人　　B.保险人　　C.被保险人

8.人身保险受益人的指定必须经过（　　）同意。

A.投保人　　B.被保险人　　C.保险人

9.人身保险合同中，受益人在（　　）情况下能获得保险金请求权。

A.保险事故发生　　B.被保险人死亡　　C.被保险人残疾

10.（　　）必须成为保险合同的内容

A.保险责任　　B.保险期限　　C.保险金额

11.保险合同的客体是（　　）

A.保险利益　　B.保险标的　　C.被保险人

➤ 复习题

1.保险合同保障的主体是谁？是怎样参与到保险合同中的？

2.保险合同应当要包括哪些内容？

3.保险合同的客体与标的的联系与区别。

4.王女士和保险公司订立了一份重大疾病保险合同，约定从保单生效日至70岁，王女士发生重大疾病或死亡事故，保险公司将依约给付最高30万元的保险金，并约定王女士的丈夫为唯一受益人。请问本合同中的当事人、关系人、保险期限、保险责任、保险金额以及客体分别是什么？

小结自测答案

第三节　保险合同的成立与生效

> **学习目标**

· 了解保险合同订立的过程

· 掌握"代签名"和"空白期"两种情形的法律处理

· 掌握保险合同成立的要件

· 掌握保险合同生效的要件

· 理解保险合同成立与生效的区别

> **引　例**

2017 年，廖某经他人介绍，向某保险公司投保重大疾病保险，交付首期保费并完成投保流程后，因年龄较大，保险公司要求廖某在指定的医疗机构进行体检，以确认其身体状况。不幸的是，廖某在体检完成后第二天突发急性心肌梗死，医治无效，于次日凌晨死亡。廖某死亡当日，保险公司收到体检报告，尚未对廖某进行核保。受益人要求保险公司依照已经投保的保险合同条款承担保险责任，给付保险金。

保险公司则认为对廖某的核保尚未进行，双方的保险合同尚未成立生效，拒绝向受益人给付保险金。

那么本案中，保险人是否需要承担保险责任呢？

保险合同的成立与生效

一、保险合同的订立

合同的订立是指当事人双方为缔结合同而做出意思表示并达成合意的过程。由此而言，保险合同的订立，是指保险缔约人为了缔结保险合同，做出意思表示并达成合意的状态，其中包括动态行为（接触和洽谈等达成协议前的行为）和静态协议（达成合意）。作为典型合同的保险合同，其订立的程序在法律上与一般合同无异，主要也经历要约与承诺两个阶段。由于要约和承诺是相对比较复杂的两个法律问题，因此本书仅作简单介绍。

要约，又称发盘，是指缔约一方向另一方提出主要交易条件，并愿意按照此条件与对方达成交易、订立合同的一种肯定的意思表示。根据《民法典》合同编的相关规定，要成为一份有效的要约，须是特定人以缔结合同为目的向相对人所为的意思表示，要求内容具体、明确，且要约人应受要约的约束，即一旦对方承诺，要约人不得任意修改其要约的内容。在保险合同订立的过程中，要约也称为"要保"或"投保"，是投保人向保险人提出的要求保险的意思表示，其形式一般为"投保单"，又称"要保书"。

承诺，又称接盘，是指受要约人收到要约后，按照要约规定的方式，对要约的内容完全接受，愿意与要约人缔结合同的意思表示。承诺只能由受要约人在要约有效期内向要约人发出，并不能对要约的内容做出实质性的变更。承诺在保险合同订立过程中被称为"承保"，是保险人同意要保人提出的保险要约的意思表示。在现实情况中，同意承保的承诺可以由保险人或其代理人为之。

事实上，除了上述标准的要约与承诺之外，在一般合同订立的过程中难免会有讨价还价的过程，在这种情况下，承诺人讨价还价的行为其实属于一种特殊的新的要约，法律上称之为反要约，即承诺人在接受要约人的要约后，对其中的一些实质性内容进行改变并将此意思表示送达要约人。此时，承诺人变成了反要约人，要约人反而成了承诺人。当然，要约人也可以对承诺人做出的反要约进行实质性的改变，如此循环反复，最终形成合意。在保险实务中，多数情况下，投保人向保险公司递交填写并签名了的投保单之后，经过保险公司核保并同意承保，保险合同就成立了。然而，面对现实中投保情形的千变万化，要真正判断一份保险合同是否成立，还是需要厘清要约与承诺的具体过程。

那么，保险人常规性的招揽业务，或发放宣传资料的行为是否属于要约呢？一般认为，这些行为不属于要约的范畴。原因在于要约的要件之一是要约人必须受要约的约束，而事实上保险公司的业务员却并不严格受其招揽业务行为的约束，因此这些行为并不是要约，法律上把这些行为称为"要约邀请"。要约邀请是当事人希望对方当事人向自己发出订立合同的意思表示。需要说明的是，要约邀请与要约实际上也并没有十分严格的界限，当要约邀请人的意思表示具体、明确并符合要约的要件时，很可能就是要约行为。

二、保险合同的成立

保险合同的成立是指当事人就保险合同主要条款意思表示一致，从而使合同关系得以设立的事实状态。保险合同的订立与保险合同的成立是两个不同的概念，前者侧重于当事人缔约的过程，后者侧重于合同缔结的结果。

根据《保险法》第十三条的规定，保险合同的成立只需投保人和保险人就保险合同的权利义务等条款达成一致意思表示，合同即告成立。虽然法条载明投保人首先提出要约，保险人同意即告保险合同成立，但在实务中，不少保险单是以保险人的要约、投保人的承诺方式订立的。例如卡式意外险保单保险公司已事先盖章，投保人只需填妥信息并交付保费，保险合同就成立，保险公司不必再行核保。

值得一提的是，保险合同的成立除了双方意思表示一致外，别无其他要件。《保险法》第十三条、第十四条规定，保险单的签发和保险费的交付都是保险合同成立后保险人和投保人的义务。

保险合同成立后即产生一定的法律效果。

（1）保险合同的成立是合同生效的前提；

（2）保险合同成立后，合同约定对当事人产生法律上的约束力，当事人不得擅自变更或解除合同；

（3）保险合同的成立时间是重要时点，例如自杀条款两年的起算时间是合同成立之时。

三、保险合同的生效

保险合同生效是指已经成立的保险合同在当事人之间产生了一定的法律约束力，即保险合同对当事人产生拘束力。合同一经生效就对当事人产生法律约束力，当事人必须按照合同约定行使权利和履行义务。

那么，保险合同生效的要件有哪些呢？保险合同的一般生效要件主要是：（1）主体合格；（2）内容合法；（3）合同当事人的意思表示自愿真实。主体合格是指订立保险合同的双方当事人都必须具有订立保险合同的资格，即保险人应当依法成立并有相应的营业范围，投保人则必须具有相应的民事权利能力和民事行为能力。内容合法，是指合同内容不得违反法律强制性或禁止性规定，不得违反社会公共秩序和善良风俗。当事人意思表示自愿真实则意味着必须在合同订立当事人自愿的基础上，真实表示各自的意思并达成一致。

一般情况下，只要符合保险合同的一般生效要件，合同成立之时即合同生效之时。但是，附生效条件和附生效期限的合同除外。附生效条件的保险合同，是指当合同约定的条件达成后保险合同才生效的一类合同；附生效期限的保险合同，是指当合同约定的期限到来后保险合同才生效的一类合同。在保险实务中，保险合同的成立与生效时间不一致的情况，多发生在附生效条件或附生效期限的保险合同中。

例如，实务中大量存在的"零时起保合同"，合同中载有类似"在保险公司出具保单后的次日零时开始生效"这样的措辞。

保险合同的成立和生效是两个独立的概念，合同成立并不意味着一定生效，同样，不生效的合同也并不意味着合同本身不成立。事实上，意思表示一致并不一定代表着意思表示是自愿和真实的，在欺诈、胁迫和乘人之危等违背当事人真实意思的情况或存在重大误解和显失公平的情形下，双方当事人的意思表示仍然可能是一致的，合同仍然可能是成立的，只是在上述情况下，我国相关法律规定，受损害一方当事人有权请求人民法院或者仲裁机构变更或者撤销合同。

四、保险合同订立过程中的两个特殊问题

（一）"代签名"问题

在保险合同订立的实务中，存在投保人或被保险人非本人签名的情况。根据法理，非本人签名或他人代签的合同应是无效合同，因其非当事人意思的真实表示。但在实践中，不少代签名的保险合同多年前订立，若定性为无效合同，发生事故无法获得赔偿，投保人和被保险人面临的损失严重。

"代签名"问题在《最高人民法院关于适用〈中华人民共和国保险法〉若干问题的解释（二）》（以下简称《司法解释（二）》）中得到了比较好的解决。根据《司法解释（二）》第三条的规定，投保人未亲自签名或者盖章的，一般不生效，但若投保人已经缴费，则视作对代签名或者盖章行为的追认。另外，根据司法解释，若保险人或其代理人代为填写保险单证后经投保人签名或盖章确认的，代为填写的内容视为投保人的真实意思表示。

该条解释中所指的"代签名"以及他人填写单证后的签名问题，都是投保人在合同订立过程中的疏忽。签名和盖章是表达当事人意思的重要法律行为，虽然司法解释对于此类行为进行了法律上的定性，但依然反映出普通投保人法律意识薄弱的问题。

（二）"空白期"问题

我们一般将投保人提交投保单并缴纳保险费后，保险人尚未作出是否承保的意思表示前的这段时间称作"空白期"。由于该段时间合同的效力未定，一旦在这段时间发生事故，往往产生难以解决的纠纷。

"空白期"问题在《司法解释（二）》中得到较好的解决。根据《司法解释（二）》

第四条的规定，当事故发生时保险人尚未作出是否同意承保的意思表示的，保险人是否可以拒绝赔偿要视投保时是否符合承保条件而定：若符合承保条件，即使保险人尚未作出是否同意承保的决定，保险人也需要承担保险责任；若不符合承保条件，则保险人可以不承担保险责任，但必须对不符合承保条件承担举证责任，且应当退还已收取的保险费。

可见，除非保险人有证据证明不符合承保条件，当投保人提交投保单并缴纳保费后就处于保险合同的保障之下。这样，既明确了保险人的保险责任，又督促保险人尽快进行核保以确定是否承保或以怎样的条件承保。

► **本节内容提要**

保险合同的订立包括要约与承诺两个环节，目的是双方当事人的意思表示一致。

在保险合同的订立过程中存在的"代签名"和"空白期"问题，可以根据《司法解释》进行处理。

保险合同的成立只需当事人意思表示一致即可，不需要出具保险单、缴纳保费等额外条件。保险合同成立后即产生一定的法律效果，如当事人之间对约定的权利义务不得随意变更，合同不得任意解除。

保险合同只要符合一般生效条件，自合同成立时即生效，除非附有生效条件或生效期限的条款。保险合同生效后，合同各主体要按照合同约定履行合同。

► **引例分析**

廖某虽然在保险人进行核保之前就突发疾病死亡，但保险人并非完全不必承担保险责任。此为典型的"空白期"问题。根据前述《司法解释（二）》第四条的规定，保险人对该案的处理分为两种情况：

（1）若根据廖某的身体情况结合体检结果，保险人没有发现实质性证据证明廖某不符合承保条件的，保险人需要根据保险合同承担保险责任；

（2）若根据廖某的身体情况结合体检结果，保险人认为廖某不符合承保条件，保险人可以拒绝履行保险责任。不过，保险人需要对廖某不符合承保条件的事实承担举证责任。

► **小结自测**

1.一般合同的订立要经过（　　）两个阶段

A.要约　　B.承诺　　C.要约邀请

2. 要约是缔约一方希望与另一方达成交易的意思表示，内容必须包括（　　）。

A. 主要合同条件　　　B. 合同签约地点　　　C. 违约责任

3. 承诺是对要约内容的（　　）。

A. 大部分接受　　　B. 完全接受　　　C. 修改条件后接受

4. 保险公司发放宣传资料的行为是（　　）。

A. 要约　　　B. 反要约　　　C. 要约邀请

5. 保险合同成立的要件包括（　　）。

A. 保险费的缴付　　　B. 投保人和保险人的意思表示一致　　　C. 保险单的签发

6. 保险合同成立后，投保人或保险人应当履行的义务有（　　）。

A. 缴付保险费　　　B. 签发保险单　　　C. 保险事故发生后赔偿或给付保险金

7. 哪些是合同生效的一般要件（　　）。

A. 主体合格　　　B. 内容合法　　　C. 合同当事人的意思表示自愿真实

8. 保险合同载明"本合同在保险公司出具保单后的次日零时开始生效"，这是（　　）的保险合同。

A. 附生效条件　　　B. 附生效期限　　　C. 合同成立时一并生效

9. 以下说法错误的是（　　）。

A. 保险合同成立是生效的前提　　　B. 合同不生效则合同不成立

C. 合同不成立则合同不生效

10. 订立保险合同时，投保人没有亲自签字盖章，而由保险人或其代理人签字盖章的，该保险合同（　　）。

A. 无效　　　B. 有效　　　C. 投保人已经缴纳保险费的，视作对代签字或盖章行为的追认

11. 保险人代为填写保险单证，投保人签字盖章确认的，代为填写的内容（　　）。

A. 视为是投保人的意思表示　　　B. 不是投保人的意思表示

C. 可以作为投保人意思表示的参考

12. 投保人缴付保费并提交投保单后，保险人尚未作出是否承保的意思表示，发生保险事故的，（　　）。

A. 保险人不承担保险责任　　　B. 保险人应当承担保险责任

C. 符合承保条件的，保险人应当承担保险责任

▶ 复习题

1. 试描述保险合同订立的基本流程。

2.保险合同订立时，投保人没有亲自签字盖章，会有怎样的法律后果？

3.保险人接受了投保人提交的投保单并收取了保险费，尚未作出是否承保的意思表示，发生保险事故的，保险人是否要承担保险责任？

4.保险合同成立和生效的要件分别是什么？

5.要约与要约的邀请有什么区别？

6.保险合同成立与生效的联系和区别。

7.某日，林某与某保险公司订立了一份定期死亡保险合同，合同订立时林某没有亲笔签名，而是由保险公司的业务员代签，林某当日向业务员缴付了首期保险费。第二日林某突遇车祸死亡，事故发生时保险公司尚未对该保单进行核保。请问，林某的继承人是否可向保险人请求保险金的给付？

小结自测答案

第四节　人身保险合同的中止与复效

➤ **学习目标**

·掌握人身保险合同中止的要件和法律后果

·掌握人身保险合同复效的要件和法律后果

·理解人身保险合同中止与复效的意义

➤ **引　例**

王某为自己投保了一份定期人寿保险，保险合同成立并生效的时间为 2011 年 3 月 1 日，缴费期 20 年，缴费日为每年的 3 月 1 日，约定若王某 70 岁前死亡，则保险公司最多将给付保险金 20 万元。2016 年，因王某在缴费日后 60 日内未履行按期缴纳续期保费的义务，此保险合同的效力中止。2017 年 4 月 8 日，王某补交了其所拖欠的保险费及利息。经双方协商达成协议，此保险合同的效力恢复。2017 年 10 月 10 日，王某自杀身亡，保险合同的受益人便向保险公司提出给付保险金的请求。

中止与复效是人身保险合同区别于其他合同所特有的效力状态。当事人投保人身保险的目的在于寻求长期的风险分担，但如果因投保人一时资金短缺或者忘记缴纳保险费，就使得保险合同失效的话，那么随着日后风险的日益提升，要让投保人重获保障就会变得异常艰难。因此，基于保护投保人和被保险人利益的理念，《保险法》上专门设立了保险合同的中止与复效条款，并主要适用于长期分期交付保险费的人身保险合同。

一、保险合同的中止

人身保险合同的中止与复效

（一）保险合同中止的含义

保险合同中止是指在保险合同有效期内，因某种事由出现而使合同效力处于暂时停止的状态。根据我国法律，保险合同的中止是指在分期缴费的人身保险合同中，因某些事由投保人未及时缴费，超过一定期限，则保险合同效力中止。

保险合同中止的法律效果是，在保险合同的中止期间，保险人不承担保险合同约定的保险责任。但这并不意味着保险合同的效力已经终止，而是保险合同的效力暂时停止，且若具备一定条件，保险合同的效力即可以恢复。

保险合同，尤其是人身保险合同，一般保险期限都比较长，甚至有终身保险合同的出现，投保人需要在长达十几年甚至几十年的过程中按时缴纳保险费。由人之常情来推断，在合同履行的长期过程中，投保人难免有因疏忽大意未及时缴纳保险费或因经济条件恶化不能按时缴纳保险费的情况发生。为了巩固保险人既有的保险业务，更为了使被保险人获得稳定的保险保障，避免因一时不履行合同而导致整个合同轻易终止，《保险法》在设置保险合同中止这一特殊条款之外，还赋予了投保人缴费的宽限期，也叫优惠期。根据《保险法》第三十六条的规定，法定的宽限期为三十日或六十日，前者需要经由保险人的催告。当然，宽限期的具体长短，当事人可以在合同中自行约定，未约定的，适用三十日或六十日的法定期限。在宽限期内，投保人虽然未缴纳合同约定的保险费，但保险合同的效力仍然存在，并未终止或中止，如果在宽限期内发生了合同约定的保险事故，保险人仍应承担保险责任，只是在履行给予保险金义务时，可以从应付保险金中扣除投保人未缴纳的保险费及其利息。由此，我们可以清楚地知道，保险合同在宽限期内的法律后果与保险合同中止期内的法律后果是截然不同的。

（二）保险合同中止的构成要件

保险合同的中止必须满足一定的构成要件：（1）适用于人身保险合同。详细问题前文已有论述，此处不赘。（2）投保人缴费方式为分期缴费。即使是人身保险合同，在实务中缴纳保险费的方式也多种多样，倘若合同约定要求投保人一次性缴纳全部保险费用，那么也就不可能出现保险合同中止的问题。（3）保险合同已经发生效力。这是保险合同中止的前提。一份本身就无效的保险合同，甚至是根本就没有成立的保险合同，当然不可能产生后续的保险合同中止的问题。（4）投保人逾期仍未缴纳当期保险费。这是保险合同中止的事由，只有投保人出现了在超过合同约定或法定的宽限期后仍不缴纳当期保险费的情况，才会导致保险合同的中止。（5）保险合同没有其他约定的补救措施。也就是说保险合同对于如何处理投保人逾期未缴纳保险费的问题，没有约定合同效力中止以外的诸如解除保险合同、终止保险合同、保险费自动垫缴等其他解决办法。

二、保险合同复效

（一）保险合同复效的概念

保险合同的复效是指导致保险合同中止的法定事由消除后，具备相应的条件，经过一定的程序，其效力即行恢复至中止前的状态。保险合同的复效与保险合同的中止一样，其主要的适用范围也是人身保险合同。《保险法》第三十七条对此进行了明确规定。

保险合同的复效只是使得处于效力中止状态的原保险合同继续有效，并不意味着原保险合同关系的消灭和新保险合同关系的产生。事实上，复效前后的保险合同在内容上存在着延续性。需要说明的是，保险合同的中止并不必然导致保险合同的复效。在《保险法》第三十七条规定的两年中止期限届满之后，可能因为保险人与投保人达成协议，并经过法定条件和程序，保险合同复效，也可能因为保险人与投保人之间并未达成协议而导致保险人解除合同，使保险合同关系最终归于消灭。

当然，即便保险合同最终不能复效，投保人和被保险人也并不会因此完全丧失所有权益。《保险法》第三十七条第二款规定："保险人依照前款规定解除合同的，应当按照合同约定退还保险单的现金价值。"不过，如果保险合同在中止之后能够复效，大多数情况下有利于被保险人，尤其是在人身保险合同中。例如，在保险合同中止之后，被保险人已经超过了人身保险对投保年龄的限制，那么在这种情况下，只有使保险合同复效，才能让被保险人继续享有保险保障。

（二）保险合同的复效条件

如前所述，保险合同效力中止后，并不必然导致复效的后果。为了使效力中止的保险合同恢复其效力，需要满足以下的相关条件。

（1）需要由投保人向保险人提出复效请求。效力中止的保险合同不能自行复效。在保险实务中，投保人申请复效的意思表示一般是通过填写复效申请书的方式来做出的。

（2）投保人提出复效的期限不超过两年，如果在该期间内不申请复效，则赋予了保险人解除保险合同的权利。理论上一般认为，投保人提出复效申请不得超过两年复效期间。而实际上，法律相关规定的立足点是针对保险人解除权而言的，因此即使超过期限，投保人也并非绝对不能提出复效申请。

（3）投保人补缴所欠的保险费及利息。保险合同的中止就是因为投保人不按时缴纳保险费所引起的，因此要使保险合同复效，就必须补缴保险费，包括保险合同中止前所欠的保险费和保险合同中止期间所需缴纳的保险费。至于利息问题，虽然《保险法》没有规定，但在保险实务中均会有相关的规定和要求。

（4）投保人和保险人就复效问题达成协议，保险人同意保险单复效。《保险法》规定，要使保险合同复效，光有投保人的复效申请并不足够，还需要保险人的同意，即双方就复效事宜达成合意。

由于在实务中曾出现保险人为了自身利益无理由拒绝保险合同复效的情况，为了进一步保障投保人、被保险人的合法权益，《最高人民法院关于适用〈中华人民共和国保险法〉若干问题的解释（三）》（以下简称《司法解释（三）》）第八条对该问题进行了补充解释。

（1）除非中止期间危险程度显著增加，否则保险人不得拒绝复效；

（2）保险人须在收到申请后三十日内做出是否同意复效的决定，逾期认定为同意复效。

该司法解释可确保人身保险合同效力的稳定以及对被保险人权益的保护。

（三）保险合同复效的后果

保险合同中止后，若具备相应的条件，合同可以复效，复效后的保险合同是复效前保险合同的继续。那么，保险合同的复效从何时开始计算呢？这就需要我们精确计算保险合同的复效日。关于复效日计算的问题，我国《司法解释（三）》第八条第三款中，将投保人补缴保险费之日作为合同效力恢复之日。

保险合同复效后，中止期间仍然计入保险期间，使得保险期间仍可以保持连续性和完整性。但是为了有效控制道德风险，一般在保险合同复效后将合同中某些特殊条款的期间予以重新计算，例如，在人身保险合同自杀条款中的年限因保险合同的复效而重新计算。

《保险法》第四十四条第一款规定，以被保险人死亡为给付保险金条件的合同，自合同成立或者合同效力恢复之日起两年内，被保险人自杀的，保险人不承担给付保险金的责任，但被保险人自杀时为无民事行为能力人的除外。该条第二款还规定，保险人依照前款规定不承担给付保险金责任的，应当按照合同约定退还保险单的现金价值。从法律规定中我们可以明确得到的信息是，在法律规定的一定期限内，如果被保险人自杀，保险人不承担给付保险金的责任。这样的立法目的在于防止道德风险，即杜绝投保人怀着自杀意愿进行投保以获取高额保险给付金的行为，被保险人自杀的期限自保险合同复效后又将重新开始计算两年。

➤ **本节内容提要**

中止与复效是适用于分期缴费的人身保险合同的特殊制度，该规定不适用于其他合同，除非另有约定。

保险合同的中止是效力暂时停止，并非终止。必须满足《保险法》第三十六条规定的合同中止要件，保险合同才发生合同效力的中止。

保险合同的复效是指满足《保险法》第三十七条规定的复效要件后，保险合同恢复效力。人身保险合同中止后应当及时申请复效，保险人不得随意拒绝复效。

➤ **引例分析**

根据案件介绍，王某的人身保险合同于2011年3月1日生效，且每年的3月1日是王某按期缴纳保险费的日子。2016年，王某没有按时缴纳保险费，根据《保险法》第三十六条的规定，保险合同的效力中止。一年之后的2017年4月8日，王某向保险人提交了保险合同复效申请，并补缴了全部保费，保险人审核后同意合同复效，双方达成协议，此时起保险合同的效力得到了恢复。

不过，根据我国《保险法》第四十四条对自杀的相关规定，自合同成立之日或复效日起两年内自杀的，保险人可以拒绝承担保险责任。

显然，保险合同的中止和复效使得《保险法》所规定的"自杀期限"重新计算，就本案而言，保险人可以不承担给付保险金的责任。

➤ **小结自测**

1.保险合同的中止是针对（　　）的规定。

A.财产保险合同　　B.人身保险合同　　C.人寿保险合同

2.保险合同一旦中止（　　）。

A.保险合同效力终止　　B.投保人不需要再缴付保费

C.对中止期间发生的保险事故，保险人不承担保险责任

3.分期缴付保费的人身保险合同中，投保人自保险人催告之日起超过（　　）未支付当期保险费，合同效力中止。

A.六十日　　B.三十日　　C.四十五日

4.以下哪些是不属于保险合同效力中止的要件（　　）。

A.投保人在约定缴费日前未缴保险费　　B.约定分期缴付保险费　　C.属于人身保险合同

5.以下哪些说法是错误的（　　）。

A.保险人可以在合同中止两年后解除保险合同

B.保险人可以自行决定是否与投保人达成复效协议

C.申请复效时投保人必须补缴保险费以及利息

6.保险人须在收到申请后（　　）内做出是否同意复效的决定，逾期认定为同意复效。

A.六十日　　B.十五日　　C.三十日

7.以被保险人死亡为给付保险金条件的合同，自合同（　　）之日起两年内，被保险人自杀的，保险人不承担给付保险金的责任。

A.成立　　B.成立或者合同效力恢复　　C.合同效力恢复

➤ **复习题**

1.保险合同中止的法律要件是什么？

2.保险合同复效的法律要件是什么？

3.为什么合同效力恢复之日需要重新计算自杀的免责期间？

4.2014年10月14日，李明向保险公司投保了一份人身保险，分期缴费20年，指定其子李群为受益人。2015年，因李明停止缴纳保险费，保险合同中止。一年之后，李明的儿子李群向保险公司补缴了李明拖欠的保险费，保险公司表示接受，也开具了保险费收据。之后，保险费一直由李群缴纳。2018年3月20日，李明因病去世，一个月后，受益人李群持保险单和相关证明向保险公司请求支付保险金。保险公司则认为保险合同中止后，并不是由投保人李明提

小结自测答案

出复效申请并缴纳拖欠的保险费，公司也并未同意复效申请，因而坚持拒付赔偿金。请问本案该如何处理？

第五节　保险合同的解除

> ## 学习目标
>
> ·掌握保险合同解除和解除权的含义
> ·了解保险合同解除权的分配
> ·了解投保人可以解除保险合同的情形
> ·了解保险人可以解除保险合同的情形
> ·掌握保险合同解除的法律后果

> ## 引　例
>
> 　　2017年2月，王丽通过某财产保险公司业务员购买了家庭财产保险，并按约缴纳了保险费，保险合同成立并生效，保险期限为一年。2017年6月，王丽因个人原因去保险公司办理退保手续，保险公司工作人员告知王丽退还的保费中要按比例扣除合同生效时至合同解除时的保险费。王丽想不通，保险事故没有发生，保险人没有履行义务，为何要扣除保险费？

一、保险合同解除的概念

　　在民法上，合同的解除是指在合同有效成立后，履行完毕前，当解除条件具备时，因一方或双方当事人的意思表示，使合同关系归于消灭。具体到保险领域，保险合同的解除则是指在保险合同有效期内，经双方协商一致，或有合同解除权的一方当事人向他方作解除合同的意思表示，使保险合同关系归于消灭的行为。合同解除权就是合同当事人依照合同约定或法律规定享有的解除合同的权利，它的行使直接导致合同权利义务消灭的法律后果。

　　由于保险合同旨在由保险人对保险标的提供保险保障，因此在保险合同的解除问题上，投保人享有随时解除保险合同的权利，但保险人非依法律规定或保险合同约定，不得解除保险合同，这在《保险法》

保险合同的解除

第十五条中有明确规定。由此可知,《保险法》在合同解除权的配置上是向投保人倾斜的。

为了准确理解保险合同解除的概念和特征,我们有必要区分几个相关的概念。首先,保险合同解除不同于保险合同的终止。虽然保险合同解除是导致保险合同终止的事由之一,但并不是唯一的事由,其他如有效期限届满、完全履行以及保险标的消灭等也是导致保险合同终止的事由。其次,保险合同解除不同于保险合同无效。在发生原因上,合同解除是使已经依法成立并有效的保险合同效力归于消灭,而合同无效是指已经成立的保险合同在当事人之间从未产生过效力;在权利的行使上,保险合同无效须经人民法院或仲裁机构确认,而保险合同的解除则可由解除权人自己行使,无须他人协助。再次,保险合同的解除不同于保险合同的撤销。虽然两种行为都将导致保险合同关系归于消灭,但保险合同的解除适用于有效成立的合同,依据法律直接规定或合同约定;而保险合同的撤销则适用于保险合同成立时当事人意思表示有瑕疵的合同,其产生只能基于法律的直接规定。

二、保险合同解除的事由

保险合同的解除事由有法定和约定两类。根据私法自治的原则,投保人和保险人在保险合同中约定解除条款、明确当事人解除合同条件的行为,应当被法律所认可。只要当事人双方的约定不违反法律的强制性规定以及公序良俗,其可在合同中任意约定解除保险合同的条件,当该条件成立时,当事人便可通过单方法律行为解除保险合同关系。

(一)投保人解除保险合同

投保人解除保险合同的法定事由依据《保险法》第十五条的规定。原则上,只要保险合同成立之后,投保人随时有权解除合同,无论全部还是部分内容,无论发生保险事故与否,也无论保险责任期开始与否。然而,投保人看似"任意"的合同解除权也存在例外。一方面,当事人可以通过合同约定对其加以限制;另一方面,法律也在特定情况下对投保人的权利给予了相应的限制,例如《保险法》第五十条规定,货物运输保险合同和运输工具航程保险合同,保险责任期开始后,合同当事人不得解除合同。

虽然根据《保险法》第十五条的规定,投保人一般可以随时解除保险合同,但当投保人和被保险人不是同一人的时候，情况会有一些变化。由于保险合同的主要受益对象是被保险人和受益人，投保人随意的解除合同行为有可能对损害他们的利益。为了进一步保护被保险人和受益人的利益，《司法解释（三）》第十七条通过某种方式平衡了投保人和被保险人及受益人的利益关系。根据该规定，虽然投保人可自行解除保险合同，但被保险人和受益人可以通过向投保人支付相当于保单现金价值的款项来换取该保险合同，此举可同时保护投保人和被保险人及受益人的合法权益。

（二）保险人解除保险合同

保险人原则上不得任意解除保险合同，除非依法律明文规定或保险合同约定。根据《保险法》规定的情形，一般当保险合同的投保人或被保险人在主观上存在过错，在客观上存在损害保险人权益的行为时，保险人可以行使合同的解除权。根据《保险法》的相关规定，具体归纳如下。

（1）投保人违反如实告知义务。《保险法》第十六条第二款规定，投保人故意或者因重大过失未履行如实告知义务，足以影响保险人决定是否同意承保或者提高保险费率的，保险人有权解除合同。

（2）谎称发生保险事故或故意制造保险事故以骗取保险金。《保险法》第二十七条规定：未发生保险事故，被保险人或者受益人谎称发生了保险事故，向保险人提出赔偿或者给付保险金请求的，保险人有权解除合同，并不退还保险费。投保人、被保险人故意制造保险事故的，保险人有权解除合同，不承担赔偿或者给付保险金的责任；除本法第四十三条规定外，不退还保险费。

（3）人身保险合同中投保人误报被保险人年龄。《保险法》第三十二条第一款规定：投保人申报的被保险人年龄不真实，并且其真实年龄不符合合同约定的年龄限制的，保险人可以解除合同，并按照合同约定退还保险单的现金价值。保险人行使合同解除权，适用本法第十六条第三款、第六款的规定。

（4）保险合同中止后逾期未复效。《保险法》第三十七条第一款规定：合同效力依照本法第三十六条规定中止的，经保险人与投保人协商并达成协议，在投保人补缴保险费后，合同效力恢复。但是，自合同效力中止之日起满两年双方未达成协议的，保险人有权解除合同。

（5）投保人、被保险人未尽维护保险标的安全的义务。《保险法》第五十一条第三款规定：投保人、被保险人未按照约定履行其对保险标的的安全应尽责任的，保险人有权要求增加保险费或者解除合同。

（6）保险标的危险程度增加。《保险法》第五十二条第一款规定：在合同有效期内，保险标的的危险程度显著增加的，被保险人应当按照合同约定及时通知保险人，保险人可以按照合同约定增加保险费或者解除合同。《保险法》第四十九条第三款也规定：因保险标的转让导致危险程度显著增加的，保险人自收到前款规定的通知之日起三十日内，可以按照合同约定增加保险费或者解除合同。

（7）保险标的发生部分损失。《保险法》第五十八条第一款规定：保险标的发生部分损失的，自保险人赔偿之日起三十日内，投保人可以解除合同；除合同另有约定外，保险人也可以解除合同，但应当提前十五日通知投保人。

（三）被保险人解除合同的特殊情形

被保险人虽然不是保险合同的订立主体，其行为一般对保险合同效力本身不产生重要的影响。但为了保障被保险人的利益，《司法解释（三）》第二条赋予人身保险合同中被保险人可以通过撤回同意的意思表示从而解除保险合同。由于在人身保险合同中，被保险人的死亡事故将触发保险金的给付，赋予被保险人撤回同意的意思表示并解除合同的能力，可以防止道德风险的发生，对被保险人权益的保护意义重大。

三、保险合同解除权的行使

投保人或保险人解除保险合同的权利，称为保险合同的解除权，也称解约权。其包括法定解除权和约定解除权，前者由于法律的直接规定而产生，后者则基于合同当事人的约定。解约权在性质上属于形成权的范畴，因此只要权利人单方行使了解约权，即可发生保险合同解除的法律效力，无须与对方当事人达成合意。当然，无论是基于法定解除权还是约定解除权发生的单方解除行为，都必须以解除权人享有解除权并且切实地去行使其解除权为必要条件。解除通知到达相对人时即发生保险合同解除的效力。

《保险法》并未明确规定保险合同解除权行使的具体方式，因此在理论上，当事人既可以采取口头形式，也可以采用书面形式通知相对人。但我们认为，保险合同解除权人将解除保险合同的意思表示送达于相对人，原则上以采用书面形式为宜。《保险法》在规定保险合同变更时明确要采取书面形式，既然只涉及合同双方当事人权利义务部分变化的合同变更行为都需要采取书面形式来进行，那么从法理上而言，涉及双方当事人权利义务不再履行的保险合同解除行为就更应当采取书面形式来进行了。

保险合同解除权的行使有存续期间的限制，在法律性质上属于除斥期间。民法上的除斥期间，也叫预定期间，是指法律规定某种权利预定存在的期间，权利人在此期间内不行使权利，预定期间届满后，便发生该权利消灭的法律后果。由此可知，保险合同解除权如果在一定期间内不行使，则会导致权利消灭的后果。《保险法》第十六条对保险人的合同解除权规定了两年的行使期限，即不可抗辩条款。

四、保险合同解除的法律后果

保险合同解除的法律后果表现为有无溯及力的问题。若保险合同的解除具有溯及力，则合同视为自始未成立，应发生恢复原状的法律后果；若保险合同解除不具溯及力，则合同解除仅向将来发生法律效力，解除前的合同关系仍然有效。

合同解除有无溯及力的问题是合同法律中的重大问题，学术界争论颇多，莫衷一是。具体就保险合同而言，弄清合同解除是否具有溯及力的意义在于确定保险费和保险金是否需要返还。如果保险合同解除具有溯及力，则解除合同时保险人要返还保险费，被保险人或受益人要退还已享有的保险金；反之，如果保险合同解除不具溯及力，则保险人无须返还自保险责任开始到合同解除之日的保险费，被保险人也无须退还保险金。

但我们可以明确的是，财产保险合同的解除不具有溯及力。《保险法》第五十四条规定：保险责任开始后，投保人要求解除合同的，保险人应当将已收取的保险费，按照合同约定扣除自保险责任开始之日起至合同解除之日止应收的部分后，退还投保人。可见，财产保险合同解除的效力不溯及之前已经履行的部分。

对于合同订立两年后人身保险合同的解除，《保险法》多处要求保险人退还保单的现金价值，可视作具有溯及力的表现，但《保险法》对于其他人身保险合同的解除后果并无明确的表述。有兴趣的读者可参阅相关著作研究，本书不作展开。

▶　　**本节内容提要**

保险合同的解除多由享有合同解除权的一方单方进行。在合同解除权的分配上是明显倾向于投保人的。

投保人除特殊规定外，一般可随时解除合同。保险人只有在法定或约定的有限情形下才可以单方面解除合同。

保险合同单方解除的履行方式法律未明确，一般是解除合同的意思表示到达对方时合同解除效力产生。

保险合同的解除是否具有溯及力因学术界存在争议，不得一概而论。一般认为寿险合同的解除具有溯及力，非寿险合同的解除不具有溯及力。

➤ **引例分析**

由保险合同解除的相关法律规定可知，王丽投保的是财产保险合同，保险公司按照合同约定履行保障义务，当事故发生时，保险人承担赔偿保险金的责任。虽然在该财产保险合同解除前没有发生保险事故，但是保险人已然承担了保障义务，并且根据《保险法》第五十四条的规定，保险责任开始后，投保人要求解除合同的，保险人应当将已收取的保险费，按照合同约定扣除自保险责任开始之日起至合同解除之日止应收的部分后，退还投保人。因此，保险公司在王丽要求退保时按比例扣除保险费的做法是合法合理的。

➤ **小结自测**

1.除《保险法》另有规定或保险合同另有约定外，保险合同成立后，（　　）可以解除合同。

A.保险人　　B.投保人　　C.被保险人

2.货物运输保险合同和运输工具航程保险合同，保险责任开始后，（　　）不得解除合同。

A.保险人　　B.投保人　　C.被保险人

3.保险人主张投保人解除保险合同的行为无效，必须满足（　　）。

A.被保险人或受益人已向投保人支付了相当于保险单现金价值的款项并通知保险人

B.投保人解除保险合同的行为未经被保险人或受益人同意

C.非投保人本人出面办理合同的解除业务

4.在以被保险人死亡为给付保险金条件的合同中，被保险人以书面形式撤回同意订立合同的意思表示的，该保险合同（　　）。

A.无效　　B.效力未定　　C.解除

5.自合同成立之日起，超过（　　），保险人不得以投保人违反如实告知义务为由解除保险合同。

A.一年　　B.两年　　C.三年

6.以下哪些情况下，保险人可以解除合同？（　　）

A.自合同效力中止之日起满两年双方未达成协议的。

B.投保人、被保险人未按照约定履行其对保险标的的安全应尽责任。

C.保险标的的危险程度显著增加的。

7.根据引例，（　　），该财险合同解除。

A.王丽解除保险合同的申请经过保险公司同意后

B.王丽与保险公司协商一致后　　C.王丽要求解除保险合同的通知送达保险公司时

8.财产保险合同的解除是否有溯及力？（　　）

A.有溯及力。　　　B.无溯及力。　　　C.没有明确规定。

➤ **复习题**

1.投保人在哪些情况下不得解除保险合同？

2.保险人在哪些情况下可以解除保险合同？

3.保险合同解除后会产生怎样的法律后果？

4.张艾于2012年以自己为被保险人在某保险公司投保了终身重大疾病保险，2017年6月8日，因急需用钱，张艾去保险公司请求退保，因保险公司系统故障，当日保险公司员工虽受理了张艾的书面退保申请，但未完成手续。6月9日，张艾在上班路上突然晕倒入院，诊断为急性心肌梗死，遂请求保险公司给付保险金。请问保险合同是否解除？保险公司是否应当履行保险金的给付义务？

小结自测答案

第六节　保险合同的无效

➤ **学习目标**

·掌握保险合同无效的概念

·了解保险合同无效的情形

·掌握保险合同无效的法律后果

➤ **引　例**

2008年，李明为自己的妻子张欢在某保险公司投保了终身重大疾病保险，缴费期10年，重大疾病和死亡保额为30万元，受益人为李明与张欢的儿子李尧。因李明琐事较多，投保时委托业务员办理了全部手续，投保人和被保险人的签字均为业务员代签，签约后，李明每年按约缴纳保险费。2017年5月，张欢在一次体检中查出肝癌晚期。入院后，张欢请求保险公司给付保险金。保险公司在审核保单时发现保险合同非本人签名，决定以保险合同无效为由拒赔，并通知了张欢。

保险合同的无效

一、保险合同无效的概念

所谓保险合同的无效，是指保险合同成立后，因法定或约定的原因致使合同的全部或部分内容自合同订立时起不发生法律效力。根据无效的后果划分，保险合同的无效可以分为全部无效和部分无效两类。

全部无效是指保险合同的全部内容自始不发生法律效力。例如《保险法》第三十四条第一款规定，以死亡为给付保险金条件的合同，未经被保险人同意并认可保险金额的，合同无效。而部分无效则是指合同的部分条款不具备法律效力，合同的其他部分仍然有效。例如《保险法》第十七条第二款规定，对保险合同中免除保险人责任的条款，保险人在订立合同时应当在投保单、保险单或者其他保险凭证上作出足以引起投保人注意的提示，并对该条款的内容以书面或者口头形式向投保人作出明确说明；未作提示或者明确说明的，该条款不产生效力。

二、保险合同无效的原因

根据我国《民法典》总则编的相关规定，民事行为无效主要有以下原因：（1）无民事行为能力人实施的民事法律行为无效；（2）行为人与相对人以虚假的意思表示实施的民事法律行为无效；（3）违反法律、行政法规的强制性规定的民事法律行为无效；（4）违背公序良俗的民事法律行为无效；（5）行为人与相对人恶意串通，损害他人合法权益的民事法律行为无效。

由于保险合同的特殊性，在《民法典》规定的民事行为无效原因的基础上，《保险法》对保险合同的无效原因还有着比较特殊的规定。

（1）保险人增加对方义务或排除对方权利。《保险法》第十九条规定，采用保险人提供的格式条款订立的保险合同中的下列条款无效：（一）免除保险人依法应承担的义务或者加重投保人、被保险人责任的；（二）排除投保人、被保险人或者受益人依法享有的权利的。

（2）保险人未尽说明义务。《保险法》第十七条第二款规定，对保险合同中免除保险人责任的条款，保险人在订立合同时应当在投保单、保险单或者其他保险凭证上作出足以引起投保人注意的提示，并对该条款的内容以书面或者口头形式向投保人作出明确说明；未作提示或者明确说明的，该条款不产生效力。当然，保险合同免责条款的无效并不影响保险合同其他条款的效力。

（3）人身保险合同订立时不具保险利益。《保险法》第三十一条第三款规定，订立合同时，投保人对被保险人不具有保险利益的，合同无效。保险利益是保险合同的客体，在合同订立时客体不存在的情况下，保险合同当然应自始不发生效力。

（4）为无民事行为能力人投保以死亡为给付保险金条件的保险合同。《保险法》第三十三条第一款规定，投保人不得为无民事行为能力人投保以死亡为给付保险金条件的人身保险，保险人也不得承保。当然，父母为其未成年子女投保的人身保险不受此限制。

（5）未经被保险人同意的，以死亡为给付保险金条件的保险合同。《保险法》第三十四条第一款规定，以死亡为给付保险金条件的合同，未经被保险人同意并认可保险金额的，合同无效。当然，父母为其未成年子女投保的人身保险不受此限制。

（6）保险金额超值。《保险法》第五十五条第三款规定，保险金额不得超过保险价值。超过保险价值的，超过部分无效，保险人应当退还相应的保险费。

（7）当事人约定。一般而言，保险合同当事人可以在保险合同中约定合同无效的原因和事由，当合同中约定的无效原因成立或事由出现时，保险合同无效。但需要说明的是，当事人约定的保险合同无效的原因不得违反法律的强制性规定，也不得违背国家利益、社会公共利益和公序良俗。

三、保险合同无效的法律后果

《保险法》对保险合同无效的法律后果没有作明确的规定。基于保险合同是一种特殊民事行为的原理，应当参照《民法典》的相关规定。《民法典》第一百五十五条规定：无效的或者被撤销的民事法律行为自始没有法律约束力。第一百五十六条规定：民事法律行为部分无效，不影响其他部分效力的，其他部分仍然有效。第五百零七条规定：合同不生效、无效、被撤销或者终止的，不影响合同中有关解决争议方法的条款的效力。

关于无效民事行为当事人的责任问题，我国《民法典》第一百五十七条规定：民事法律行为无效、被撤销或者确定不发生效力后，行为人因该行为取得的财产，应当予以返还；不能返还或者没有必要返还的，应当折价补偿。有过错的一方应当赔偿对方由此所受到的损失；各方都有过错的，应当各自承担相应的责任。法律另有规定的，依照其规定。

具体就保险合同而言，我们认为，保险合同无效的法律后果主要应包括：（1）保险人不承担保险责任。保险合同被确认无效后，如果发生保险合同约定的保险事故，保险人无须承担保险责任。（2）保险关系各方返还财产。保险合同无效，当事人之间的权利义务即告消灭。如果投保人未向保险人缴纳保险金的，就不再缴纳；已经缴纳的保险金，保险人应如数退还给投保人。被保险人或受益人因该无效保险合同而取得的保险金也应如数退还给保险人。（3）保险双方按过错原则承担相应损害赔偿责任。保险合同被确认无效后，对保险合同无效有过错的一方应当赔偿对方因保险合同无效而受到的损失；双方均有过错的，则应当各自承担相应的赔偿责任。无效保险合同的赔偿损失的责任是缔约过失责任，而不是合同不履行的违约责任。（4）将非法所得收归国家或返还集体或第三人。如果保险合同当事人恶意串通损害国家利益，因此而取得的财产应当收归国家。如果保险合同当事人恶意串通损害集体或第三人的利益，因此而取得的财产应当返还给集体或第三人。

> **本节内容提要**

保险合同的无效是指合同成立后，某些法定或约定的原因致使合同全部或部分内容自始不发生法律效力。

除了《民法典》规定的保险合同无效的情形，根据《保险法》，保险合同无效的情形可以归纳为：（1）保险人增加对方义务或排除对方权利；（2）保险人未尽说明义务；（3）人身保险合同订立时不具有保险利益；（4）为无民事行为能力人投保以死亡为给付保险金条件的保险合同；（5）未经被保险人同意的，以死亡为给付保险金条件的保险合同；（6）保险金额超值；（7）当事人约定。

保险合同无效的法律后果同一般合同，以《民法典》的规定为主要依据。

> **引例分析**

本纠纷中，李明在合同订立过程中没有亲笔签名，此行为导致的后果是争议的焦点。保险公司认为该合同在订立时存在"代签名"行为，属于无效合同。这是合同成立与合同效力概念上的混淆。本案的争议焦点实非合同无效，投保时业务员代签名的行为是否导致保险合同不成立或不生效才是本案争议的焦点。

根据之前关于保险合同成立生效章节的相关陈述，本案所面临的情况是合同订立时的代签名问题。根据《司法解释（二）》第三条第一款，投保人事后的缴费行为视为对代签名或盖章行为的确认。因此，本案中，李明虽然未亲笔签名，但向保险公司按时缴费的行为确立了该保险合同成立和生效的基础。据此，保险公司不得以投保人李明未签名为由拒绝承认该保险合同的效力。

➤ **小结自测**

1.保险合同无效的后果可分为（　　）。

A.全部无效　　B.部分无效　　C.可能无效

2.《保险法》第三十四条规定，以死亡为给付保险金条件的合同，未经被保险人同意并认可保险金额的，合同无效。此规定所述的"无效"是（　　）。

A.部分无效　　B.全部无效　　C.可能无效

3.《保险法》第十九条所确认的，免除保险人依法应承担的义务或者加重投保人、被保险人责任的条款无效。次规定所述的"无效"是（　　）

A.部分无效　　B.全部无效　　C.可能无效

4.人身保险合同在（　　）不具有保险利益的，保险合同无效。

A.事故发生时　　B.保险金给付时　　C.合同订立时

5.（　　）可以为未成年子女投保以死亡为给付保险金条件的合同。

A.父母　　B.监护人　　C.近亲属

6.保险合同经确认无效的，合同（　　）不发生效力。

A.自始　　B.自确认无效之日起　　C.自发现无效情形之日起

7.财产保险合同中，（　　）部分无效。

A.保险价值超过保险金额　　B.保险金额超过保险价值　　C.保险金额超过损失程度

8.如果保险合同当事人恶意串通损害国家利益、集体或第三人的利益，因此而取得的财产应当（　　）。

A.没收　　B.返还财产　　C.返还国家、集体或第三人

➤ **复习题**

1.保险合同无效的主要情形有哪些？

2.保险合同无效的法律后果是什么？

3.2013年4月1日，冯某在某保险公司为自己父亲投保了综合死亡保险，并缴付

保费，保险公司签发了保险单。该保险的保险责任包括意外伤残、意外死亡、疾病死亡。按法规被保险人在保险合同生效 180 天后因疾病死亡的，保险公司应按照保险金额给付保险金。在保险合同签订过程中，投保人冯某代替冯某父亲签了字。2013 年 12 月 5 日，冯某的父亲因病死亡。冯某要求保险公司给付疾病死亡保险金，但保险公司调查发现，冯某的父亲在投保时，已经身患肝癌，由此拒绝支付保险金，仅同意返还保险费。请问保险公司的做法合法吗？

小结自测答案

第七节　保险合同的变更

▶ **学习目标**

·掌握保险合同变更的基本理论

·了解保险合同内容变更的含义和要件

·了解保险合同的主体变更

▶ **引　例**

2008 年，张丽在某保险公司为自己购买了一份重大疾病保险，重疾保额和死亡保额均为 30 万元，合同自当年 9 月 1 日生效，之后张丽依约按时缴纳保险费。在该合同中，张丽指定其丈夫肖明为受益人。2017 年，张丽夫妇因感情不和离婚，张丽希望更改该合同的受益人为自己的儿子肖瑞，并于 2017 年 12 月 14 日致电保险公司要求变更受益人为肖瑞。保险公司工作人员请张丽择日去保险公司办理变更受益人的手续。但孰料 12 月 16 日，张丽突发心肌梗死死亡，此时变更受益人的手续尚未办理。事后，肖瑞和肖明均以受益人身份向保险人请求保险金的给付。

　　一般来说，民商法上的合同变更，有广义和狭义之分。广义的合同变更是指合同主体、客体和内容其中一项发生变化；而狭义的合同变更则仅指合同内容发生变化。我国民商法上所称的合同变更主要采用狭义理解，合同主体的变化则称为合同的转让。具体到保险合同的变更，亦有广义和狭义之分，根据《保险法》的相关规定，也应作狭义理解。需要说明的是，本节取名"保险合同的变更"，则采用的是广义说法，因此论述的内容既包括保险合同内容的变更，也包括了保险合同主体的变更，即保险合同的转让。

保险合同的变更

就保险合同而言，合同的变更主要是合同内容的变更，一般情况下保险合同的主体是很少变更的。下面，我们来具体分析以下内容：（1）保险合同的内容变更。经过双方当事人同意，保险合同的内容或者说作为记载保险合同内容的保险条款，是可以进行变更的。（2）保险合同的主体变更。这就意味着保险合同的双方当事人发生了变更，即在法律上发生了保险合同转让的效果。

一、保险合同内容的变更

（一）保险合同内容变更的概念

依前文所述，保险合同与其他合同一样，是双方当事人意思表示一致而订立的，在某些情况下，经过双方当事人协商即可变更合同的内容。因此，保险合同内容的变更，是指在保险合同的有效期内，当事人根据主客观情况的变化，依照法律规定的条件和程序，在协商一致的基础上，对保险合同的某些条款进行的修改或补充。这里的"修改或补充"只是针对保险合同的部分内容，如果变更使得保险合同的内容全部发生了变化，则无疑将导致原保险合同关系的消灭，而产生新的保险合同关系。

那么，保险标的的变化是否属于保险合同内容的变更呢？我们认为，虽然保险合同的标的并不是保险合同的客体，但每一个保险标的所面临的风险因素和危险程度是不尽相同的，而这些又是直接影响保险人是否愿意承保以及保险费率厘定等条件的重要因素。因此，如果以新的物或者新的人来取代保险合同原来的保险标的，其法律后果应当与保险合同客体的变更无异，是原保险合同关系的终止和新保险合同关系的产生。所以，保险标的的变更不属于保险合同内容变更的范畴。当然，如果仅仅是同一保险标的的风险因素或危险程度发生增减，则仍然属于保险合同内容的变更。

（二）保险合同内容变更的要件

保险合同内容的变更应具备以下的构成要件。

（1）保险合同内容的变更必须以当事人已经存在的合同关系为基础。道理很简单，如果当事人之间根本不存在保险合同关系，也就失去了合同变更的前提。如果没有原合同关系，当事人之间的协商变更将导致新合同的订立；如果原合同被确认无效或者可撤销，则保险合同关系终止，也就谈不上合同变更的问题了。

（2）保险合同内容的变更必须由当事人协商进行，特殊情况下可根据法律的规定由一方主体进行变更。根据《保险法》第二十条第一款的规定，多数情况下，保险合同的变更主要是通过当事人之间的协商进行的。当然，在某些特殊的情况下，保险合同的内容也可能因为法律规定，由当事人单方变更，例如：

1)《保险法》第五十一条第三款规定，投保人、被保险人未按照约定履行其对保险标的的安全应尽责任的，保险人有权要求增加保险费或者解除合同。

2)《保险法》第四十一条第一款规定，被保险人或者投保人可以变更受益人并书面通知保险人。

（3）保险合同内容的变更必须符合法定形式。根据《保险法》第二十条第二款的规定，变更保险合同应当由保险人在保险单或者其他保险凭证上批注或者附贴批单，或者由投保人和保险人订立变更的书面协议。因此，保险合同内容的变更须采取法定的书面形式。

（三）保险合同内容变更的法律效力

变更后的保险合同将取代原合同的内容，保险合同主体应当按照变更后的保险合同行使权利和履行义务。但是保险合同内容的变更并不引起保险合同效力的中止或中断，在合同变更程序完成之前，原保险合同仍然有效。也就是说，如果在保险合同变更的过程中发生了原合同约定的保险事故，保险人也必须依原保险合同之约定，承担给付保险金的责任，并不能以合同正在协商变更作为抗辩事由。此外，保险合同内容的变更不产生溯及既往的效力，即变更后的合同内容对变更前已经发生的行为不产生约束力。

二、保险合同主体的变更

（一）保险合同转让的概念和要件

所谓保险合同主体的变更，即保险合同的转让，是指保险合同当事人一方依法将其合同的权利和义务全部或部分地转让给第三人的行为。按照合同法原理，合同转让有以下几种情形：合同权利的转让，合同义务的转让，合同权利义务的概括转让。从保险合同的类型来看，保险合同的转让又可分为财产保险合同的转让和人身保险合同的转让。

与保险合同内容的变更要件相似，保险合同转让也必须具备某些要件，主要包括：（1）必须存在合法有效的保险合同关系；（2）保险合同的让与人和受让人达成合意或发生法定的原因；（3）必须符合法律规定的转让程序。

（二）财产保险合同的转让

财产保险合同的转让一般是因保险标的的转让引起的。《保险法》第四十九条对此进行了规定。财产保险标的转让后，此保险标的受让人直接承继被保险人的权利和义务。虽然条文中要求保险标的的转让通知保险人，但其法律后果并不绝对。保险标的转让后，受让人与保险人之间就保险合同的权利义务关系可能产生，具体内容将在财产保险相关章节具体阐释。

（三）人身保险合同的转让

人身保险合同的转让主要是由于保险人资格消灭而引起的，主要为《保险法》第九十二条规定。

根据《保险法》第九十二条的规定，保险公司被依法撤销或破产是引起人身保险合同转让的法定原因，转让双方是终止公司和接收转让的经营人身保险业务的保险公司，转让的对象包括人身保险合同及责任准备金。转让方式也包括自愿和强制两种。由于人身保险合同一般缴费期比较长，累积的现金价值数额也较大，保险人的破产可能直接导致投保人和被保险人失去保障，因此，《保险法》引入人身保险合同的转让制度，保护人身保险投保人和被保险人的利益，保证他们不会因保险人的破产而丧失保险保障。

➤ **本节内容提要**

保险合同的变更主要指保险合同内容的变更，是当事人之间可以就合同内容协商一致进行的修改和补充。

保险合同的主体变更主要产生于财产保险合同的标的转让，以及人身保险合同保险人资格的消灭。

保险合同的客体是保险合同订立的基础，不得变更，否则即订立一份新的保险合同。

➤ **引例分析**

本案涉及的问题即保险合同的变更。张丽作为投保人和被保险人，有权根据自己的意思变更受益人，但该变更何时发生效力成为争议的焦点。

本案中，张丽虽然已经作出了请求变更受益人的意思表示，但尚未在保险合同上作出批注或粘贴批单，是否能够认为受益人的变更已经发生效力？

对于此问题，虽然《保险法》第二十条第二款规定，变更保险合同的，应当由保险人在保险单或者其他保险凭证上批注或者附贴批单，或者由投保人和保险人订立变更的书面协议，但是，《司法解释（三）》第十条第一款针对受益人的指定，特别明确，投保人或者被保险人变更受益人，变更行为自变更意思表示发出时生效。

根据上述规定，保险公司对保单进行批注或附贴批单的行为不是变更受益人的要件，张丽变更保险合同受益人这一变更行为的效力可以于张丽变更意思表示发出时生效。然而，根据《保险法》第四十一条之规定，变更受益人需采用书面形式进行通知。结合本案，张丽虽然通过电话作出了变更受益人的意思表示，但该意思表示并不符合书面通知的形式。

因此，依照以上法律规定，张丽变更受益人的意思表示由于不符合法定的书面形式，不会发生变更的法律后果。保险公司依旧向原受益人，即张丽的前夫肖明给付死亡保险金30万元。

➤ **小结自测**

1. 保险合同一经订立，合同内容（　　）变更。

A. 可以　　B. 不得　　C. 应当

2. 保险合同成立后，保险合同的主体（　　）变更。

A. 可以　　B. 不得　　C. 应当

3. 保险合同的变更应当通过（　　）方式进行。

A. 口头　　B. 书面　　C. 口头或书面

4. 保险合同内容的变更，（　　）。

A. 双方可以协商变更　　B. 单方可以任意变更　　C. 法律规定的单方变更

5. 财产保险合同转让的原因可以是（　　）。

A. 保险公司的破产　　B. 被保险人死亡后保险标的物被继承人继承

C. 保险标的物的转让

6. 人身保险合同转让的原因可以是（　　）。

A. 被保险人死亡　　B. 保险公司破产　　C. 订立合同时保险利益不存在

7. 人身保险中，被保险人或投保人通过（　　）通知保险人，可以变更受益人。

A. 电话　　B. 书面　　C. 口头

▶　复习题

　　1.保险合同内容变更是否必须当事人协商进行？为什么？

　　2.保险合同内容变更的法定形式是什么？

　　3.保险合同内容变更的法律后果？

　　4.何谓人身保险合同的转让？

　　5.小张5年前向某保险公司投保了一份养老保险，最近获知该保险公司因经营不善即将破产，小张十分着急。你该如何向小张解释？

小结自测答案

第八节　保险合同的终止

▶　学习目标

　　·了解保险合同终止的概念

　　·了解保险合同终止的事由

　　·了解保险合同终止的法律后果

▶　引　例

　　小王年初时向某保险公司为自己的爱车购买了机动车损失保险，保险金额为25万元。不过，在投保时，小王并未投保附加自燃险。半年后，小王在驾车中突然发现车头冒烟，赶紧靠边，虽然没有人员伤亡，但由于起火突然，车辆完全烧毁。保险公司对于该车自燃拒绝承担保险责任，小王并无异议。事后，小王请求保险公司退还全部保险费时，保险公司称需要扣除已经承担保险责任部分的保费，小王表示不解。

保险合同的终止

一、保险合同终止的概念

　　保险合同的终止，又称保险合同的消灭，是指保险合同在其存续期间内，因一定事由的发生，使合同的效力不再存在而向将来归于消灭。

　　合同法上的终止有着广义和狭义的区别。狭义的终止，是指当事人行使终止权，使原本持续的合同关系向将来消灭，其特点在于当事人必须行使终止权，是一种主动行为；而广义的终止，则包括了狭义的终止和非因行使终止权的终止，即包含了主动行为和被动后果。我国保险法规定中的保险合同终止，采用的是广义终止的概念。

与保险合同的中止相比较，保险合同的终止使保险合同在终止后完全失去其效力，不存在合同复效的问题；而保险合同的中止则在具有法定事由时，即可恢复保险合同的效力。

一般而言，保险合同终止的事由一旦出现，即发生合同权利义务在法律上当然消灭的后果，无须当事人达成合意，也无须当事人负担合同消灭的通知义务。保险合同终止，也会使得合同效力继续发生的基础丧失，且具有永久性，不存在合同复效的可能。保险合同终止，一般也只向将来发生效力，不具有溯及既往的效力。

二、保险合同终止的原因和事由

根据《合同法》和《保险法》的相关规定，我们可以把保险合同终止的原因和事由概括为 7 个主要方面。

（1）保险合同因当事人解除而终止。《民法典》第五百五十七条规定，合同解除的，该合同的权利义务关系终止。由此，我们认为，保险合同的解除会导致保险合同的终止，保险合同的解除属于保险合同终止的一种类型，唯在溯及力问题上存在些许差异。因为本书前文已对保险合同解除进行过详细介绍，故此处不再赘述。

（2）保险合同因期限届满而终止。所谓保险期限，是指保险人承担保险责任的起讫时间。一般而言，除非有法律规定或合同约定，保险人的保险责任随着保险期限的起算而开始，又随着保险期限的届满而终止。原则上，保险合同成立或生效日即保险期限起算点，但在保险实务中，保险人往往会在格式合同中规定保险合同生效的次日零时为保险期限的起算点。保险期限的届满日，当事人既可以明确约定具体时间点，如"本保险期间至 2018 年 12 月 31 日止"，也可以约定特点时间的结束点，如在航空旅客人身意外伤害险中，保险期限一般都终止于被保险人在保险单指定的航班班机（或等效班机）飞抵目的港后走出舱门时。

（3）非寿险保险合同因保险人终止而终止。在我国，作为保险人的保险公司一旦因为被撤销、被宣告破产或者解散等原因而彻底停止了保险业务，其经营资格被终止时，保险合同也可能被终止。但有一例外，根据《保险法》第九十二条第一款的规定，尚未到期的人寿保险合同一方主体，经营人寿保险业务的保险公司破产或被依法撤销的，变更主体，合同本身继续履行。

（4）保险合同因保险人履行全部给付义务而终止。保险人给付义务的全部履行，也称为保险合同的清偿，一般是指保险人给付了全部保险金。当保险合同约定的保险事故发生或期间届满时，保险人依合同的约定给付了全部保险金，保险合同即告终止。当然，履行的方式可以是一次性给付，也可以是分次给付。

（5）人身保险合同因被保险人死亡而终止。在人身保险合同中，被保险人非因保险事故而死亡的，就使得保险事故的发生成为不可能，根据"无危险则无保险"之理念，保险合同就只好终止了。比如，意外伤害保险中的被保险人因疾病而死亡，就属于非常典型的情形。当然，发生上述情况时，保险人应根据投保人的缴费年限，向投保人退还保险费或返还保险单的现金价值。

（6）财产保险合同因保险标的发生全部损失而终止。财产保险合同的保险标的非因保险事故的缘由而发生全部损失时，保险合同终止。因为在这种情形下，保险保障的对象不复存在，投保人亦无保险利益可言，保险合同当然终止。

（7）保险合同因其他原因而终止。除了上述几种比较典型的情形外，保险合同也可能因为债务的抵销、债务的免除、保险金的提存、债权债务的混同等原因而终止，或者因法律的直接规定抑或是当事人的特别约定之条件的满足而终止。例如，《保险法》第四十三条中规定的因法定事由出现，保险人不承担保险责任且保险合同终止的情形。

三、保险合同终止的后果

保险合同的终止，不具有溯及力。自合同终止效力发生之日起，保险合同关系绝对归于消灭。保险合同终止的法律后果一般包括保险人保险金给付义务的免除和保险费返还等两个方面的问题。

前者，只有在保险事故发生在保险合同终止之后，保险人的保险责任才能得以免除，若保险事故是发生在保险合同终止之前的，保险人仍需承担保险责任。后者，则主要按照法律规定或当事人约定进行处理，如果既无法律规定，亦无当事人约定，根据前述理念，保险人已收取的保险合同终止之后的保险费，应当退还给投保人。

还有两点需要说明。第一，根据《民法典》第五百五十八条的规定，合同的权利义务终止后，当事人应当遵循诚信等原则，根据交易习惯履行通知、协助、保密等义务。法律上把此类义务称为后合同义务，因此，若保险合同当事人违反法律规定的后合同义务而使相对方遭受损失的，应当承担损害赔偿责任。第二，根据《民法典》第五百六十七条的规定，合同的权利义务关系终止不影响合同中结算和清理条款的效力。因此，保险合同的终止，当然也不会影响原合同中所约定的与结算和清理有关的条款的效力。

► **本节内容提要**

保险合同的终止是当某些事由发生，保险合同的效力丧失不再存在而向将来归于消灭。

保险合同的终止主要有以下原因：保险合同因当事人解除而终止；保险合同因期限届满而终止；保险合同因保险人终止而终止；保险合同因保险人履行全部义务而终止；人身保险合同因被保险人死亡而终止；财产保险合同因标的全损而终止；其他原因。

保险合同终止后合同当事人的权利义务关系归于消灭，不再存在。

► **引例分析**

小王对于保险人在合同终止后扣除已承担保险责任部分保费的做法不解，原因是小王对于保险合同的性质和保险合同解除的法律后果不了解。

保险合同是一种射幸性合同，保险人在合同中虽然承担的是保障责任，但必须待保险事故发生才进行实际的保险赔偿或给付。在此期间，保险人依然承担保险责任，履行保险义务。

小王的车全损后，由于保险标的灭失，该机动车损失保险也随之终止。保险合同的终止一般没有溯及既往的效力，因此，保险合同的效力向将来消灭，而不溯及保险合同中已经履行的部分。

据此两点，保险人扣除已经履行部分义务的相应保险费是合法合理的，但未履行保险责任部分的保费应当退还小王。

► **小结自测**

1. 保险合同的终止后，合同的效力（　　）。

A. 不再存在　　B. 暂时停止　　C. 继续存在

2. 保险合同终止后，合同的效力向（　　）归于消灭。

A. 将来　　B. 过去　　C. 过去和将来

3. 以下说法正确的是（　　）。

A. 保险合同的解除是保险合同终止的原因之一

B. 保险合同终止将使得合同效力自始消灭

C. 保险合同的终止一般不具有溯及既往的效力

4.以下属于保险合同终止的原因或事由的有（　　）。

A.保险合同期间届满 　　B.保险标的灭失 　　C.投保人拒绝缴付保险费

5.以下不属于保险合同终止的原因或事由有（　　）。

A.人寿保险公司破产 　　B.人身保险合同中被保险人死亡 　　C.保险人解除保险合同

6.保险合同终止后，保险人还需履行（　　）义务。

A.通知、协助、保密 　　B.维护保险标的安全 　　C.赔偿或给付保险金

➤ 复习题

1.保险合同终止的主要原因和事由有哪些？

2.保险合同终止的法律后果是什么？

3.王某是某单位业务员，在省内出差时经常需要乘坐大巴，每次乘坐大巴王某都会购买乘客意外伤害保险，保险责任包含身故、残疾和一定保额的门诊及住院医疗费用。2018 年 6 月，一次去外地出差乘坐大巴，王某也按惯例购买了乘客意外伤害保险。在到达目的地下车时，由于车子台阶高，行李重，王某一下没站稳摔了一跤，左小臂骨折。王某到医院就诊后请求保险人赔偿医疗费用。保险公司称，根据保险合同中对保险期间的描述，"被保险人乘坐商业营运的汽车时，本保险合同的保险期间自进入汽车车厢起至抵达目的地走出汽车车厢止"，王某发生事故时保险合同已经终止，遂拒绝赔偿王某的医疗费用。本案该如何处理？

小结自测答案

第二章
保险合同的一般规定

► **本章导读**

虽然保险产品多样，作为保险产品载体的保险合同也有许多差异，但是所有的保险合同的权利义务履行都有共同之处，例如投保人的缴费义务、保险人承担保险责任的义务、如实告知义务、说明义务等，这些条款也在《保险法》和《司法解释》的相关法条中有一般性的规定。本章将逐一分析一般保险合同所共有的合同条款，理解立法背景，掌握处理一般保险合同问题的方法。

第一节　保险费的缴费义务

► **学习目标**

- ·掌握保险费的缴费义务主体
- ·了解保险费缴费金额变化的情形
- ·了解保险费缴费的时间和方式
- ·了解违反保险费缴费义务的后果
- ·掌握人身保险缴费宽限期的相关规定

► **引　例**

王小路 2012 年为自己投保了 30 万元保额的重大疾病保险，与保险公司约定分期20 年缴纳保险费，每年的 6 月 6 日为缴费日，授权银行卡扣款。每年 6 月初，王小路都会在银行卡内存够保险费以准备保险公司的扣款。2018 年，王小路在 6 月初就在银行卡内存上了保险费。6 月 5 日，王小路家人逛街购物时刷了该卡，扣除了一部分金额，导致余额不足。王小路某日发现卡内余额不足，遂在 7 月 26 日在卡内存入足够金额，之后卡内金额一直充足。直至 8 月中旬，王小路收到了保险人的书面通知，告知保险合同中止，并提醒办理复效手续。

保险费缴费义务是指，投保人依据保险合同约定的数额、时间、方式，向保险人支付保险费的义务。

保险费的缴费义务

一、缴费义务人

根据《保险法》第十四条的规定，投保人是保险合同缴费的义务主体，合同一旦成立，投保人承担缴纳保险费的义务。这是保险合同不同于其他合同的一个重要特点。在投保人和被保险人或受益人不是同一人的情况下，被保险人或受益人是保险合同的保障对象，是享受保险合同主要利益的主体，而投保人作为承担缴纳保险费义务的主体，并不实际享受保险合同的利益。可见，投保人的缴费并非以回报为对价的，这更能体现投保动机的单纯，是为获取保障而非其他目的。

当然，我们认为，除了投保人，如果其他人愿意，也可以承担缴纳保险费的义务，这不会产生任何不利后果或者影响。《司法解释（三）》第七条规定，被保险人、受益人和其他人代为缴纳保费的，视为投保人对应的缴费义务已经履行。虽然，他人亦可代为履行缴纳保险费的义务，但投保人应承担不及时缴费的法律后果。根据该司法解释，其他人代为支付保费的，投保人可以免于该义务的承担。因此，投保人是缴费义务的最终承担主体，但不一定要投保人本人实际履行。

二、保险费给付的数额

一般情况下，保险费的数额由投保人和保险人在保险合同中约定，一经确定，就不得随意改变。但在财产保险合同中的某些情况下，则可以增减变动。

（一）增加保险费的情况

（1）如果投保人或被投保人未履行维护保险标的安全的责任，保险人有权要求增加保险费。根据《保险法》第五十一条第三款的规定，维护保险标的的安全是投保人、被保险人的法定义务，若义务主体没有按约定适当履行该义务，保险人可以要求增加保险费或者解除合同。当因义务主体违反维护标的安全义务，保险人要求增加保险费时，不需要以合同约定为前提。

（2）如果保险标的的危险程度增加，保险人有权要求增加保险费。根据《保险法》第四十九条第三款和第五十二条第一款的规定，如果在合同有效期内保险标的的危险程度显著增加，被保险人应当通知保险人，保险人可以按照合同约定增加保险费或者解除合同。上述两条法条的区别在于危险程度显著增加是否由转让行为所导致，但法律后果是一致的。且根据法条规定，增加保费的前提是在保险合同中有相关约定。

在保险费数额增加的情形下，投保人应当在接到增加保险费通知的合理时间内，向保险人履行保险费给付义务。如果不愿意增加保险费，可能面临合同解除的后果。

（二）减少保险费的情况

保险人计算保费主要基于保险标的的价值、保险金额、风险情况等，这些标准一旦发生变化，保险人需要退还相应的保险费。

（1）如果保险标的的危险程度降低，保险人应当降低保费。保险标的的危险程度是保险人计算保费的依据之一，根据前文，如果危险程度显著增加，保险人可以要求增加保险费，自然当危险程度明显减少时，保险人应当退还相应的保险费。《保险法》第五十三条第一款第一项中有此规定。

（2）保险标的的保险价值明显减少。保险标的的保险价值越低，保险人承担的保险责任越小，自然保险人应当退还相应的保险金。这种情况一般出现在不定值保险合同中。《保险法》第五十三条第一款第二项对此作出了明确规定。

（3）误估保险标的的危险程度或保险标的价值。在实践中，如果由于保险人、投保人或有关代理人的错误而过高地估计了危险或保险标的的价值，致使投保人所缴纳的保险费高于其应缴的数额，除非保险单对此另有规定，保险人应将其多收部分退还。

三、保险费给付的时间和方式

根据目前的技术手段，投保人缴纳保险费，可以以现金、授权银行卡或互联网金融平台支付等方式，根据双方约定，也可以采用汇票、支票、本票等方式。至于投保人以前述方式以外的有价证券和有现金价值的实物交付的，视双方协商而定。

值得强调的是，若采用授权银行卡或互联网金融平台转账方式缴纳保险费的，投保人必须保证扣款期限前账户内余额充足，否则可能承担未及时缴纳保险费义务的法律后果。在条件允许的情况下，保险人应在缴费期限前善意提醒投保人保证账户余额充足。

根据《保险法》第三十五条，在保险实务中，保险费的给付通常有一次性缴付和分期缴付两种。

分期缴纳保险费常见于寿险合同和长期的人身保险合同中。由于保险金额较高，保险费数额巨大，分期缴付可以明显减轻投保人的经济负担，是一种常见的缴费方式。人身保险合同中一旦约定分期缴纳保险费，投保人应当依约缴费，否则可能造成保险合同的中止。一般人身保险合同也可以约定采用一次性交付的方式缴纳保险费。

由于一般的财产保险合同期限不是特别长，保险费数额不是特别高，一般采用一次性缴纳保险费的方式。值得注意的是，财产保险合同一般将缴纳保险费作为合同生效的要件，如果在合同成立时不立即缴纳保险费，除非双方另有约定，保险事故一旦发生将无法获得保险金的赔偿。当然在财产保险合同中，经双方特别约定，也可以分期支付。

四、保险费缴纳义务的违反

若投保人在保险合同约定的期限没有履行缴纳保险费的义务，则一般视作违反保险费的交付义务。

（一）财产保险合同中，投保人违反保险费给付义务的法律后果

在财产保险合同中，若保险合同双方当事人在订立合同时就生效时间或条件没有特别约定的，合同自成立生效，投保人违反保险费给付义务对合同是否生效并不产生影响。保险人可依据生效的合同，以诉讼方式向投保人提出缴纳保险费的主张，投保人拒绝缴纳的，保险人可依法解除合同。不过在实务中，财产保险合同多以保险费的缴纳作为合同生效的条件，如果投保人不按时缴纳保险费，则可能面临无法在保险事故发生时获得保险金赔偿的不利后果。

（二）人身保险合同中，投保人违反保险费给付义务的法律后果

1. 一次性支付保险费

若人身保险合同约定一次性缴费，且并未对保险合同的生效时间和条件有特别

约定，保险合同自双方意思表示一致时成立生效。投保人未依约缴纳保险费对保险合同效力不产生影响，但投保人需承担违约责任。不过根据《保险法》第三十八条，对人寿保险合同，保险人不可以诉讼方式要求投保人支付保险费。同财产保险合同一样，实务中人身保险合同大多约定保险费的缴纳是保险合同的生效条件，投保人不按时缴费可能面临保险合同不生效的法律后果。

2. 分期支付保险费

人身保险合同中若约定采用分期支付保险费方式的，适用保险合同中止复效的相关规定。即若未按时缴纳当期保险费，保险合同效力可能中止，需要尽快通过与保险人达成协议并补缴保险费及其利息的方式恢复合同效力。

此内容在本教材第一章第四节已详述，此处不赘述。

➤ 本节内容提要

保险费的支付是投保人的主要合同义务，其他人也可以代为支付保险费。

保险费的数额在订立合同时载明，当保险费增减的情形出现时，保险费的金额可作相应的调整。

保险费的缴纳时间和方式由合同约定，未明确约定的可采取合理方式支付。

投保人违反支付保险费义务的，一般不直接对合同效力产生影响，区分财产保险、人身保险以及分期缴费的人身保险合同产生的不同法律后果。

➤ 引例分析

本案例中所涉及的问题即保险费的缴纳义务履行是否适当的问题。

案例中的投保人王小路虽然在缴费日前已经在银行卡内存入足够的余额，但由于没有尽到注意和谨慎的义务，使得家人在不知情的情况下刷卡消费，导致卡内余额不足保险人扣款不成功。采用授权银行卡扣款方式进行的，投保人一般应当在约定的扣款日保证余额充足。但是，不同于一次性支付保险费的方式，本案例中王小路投保的人身保险合同采用分期支付保险费，根据保险合同中止复效的相关规定，在保险人没有催告的情况下，投保人有60天的缴费宽限期。王小路在宽限期内将余额补足应当视为已经履行了缴付保险费的义务。

因此，本案例保险人没有在宽限日结束前执行扣款就贸然确认保险合同中止的做法是违法的，王小路有权要求确认保险合同的效力持续。

➤ **小结自测**

1.保险合同中承担保险费缴付的义务人是（　　）。

A.乘客意外伤害保险保险人　　B.投保人　　C.被保险人

2.保险合同成立后，以下那些说法是正确的？（　　）

A.投保人按约缴付保险费后，缴费义务履行。

B.其他人代投保人缴付保险费后，缴费义务履行。

C.投保人未及时缴付保险费，被保险人不得代为缴付。

3.以下哪些情形发生后，保险人可以要求增加保险费？（　　）

A.投保人、被保险人没有按约定适当履行维护保险标的安全的义务。

B.合同有效期内，保险标的危险程度显著增加的。

C.保险标的发生转让。

4.保险标的转让后，危险程度显著增加的，保险人可以按照合同约定（　　）。

A.增加保险费　　B.中止合同　　C.解除合同

5.在财产保险合同有效期内，保险标的的危险程度发生变化，危险程度明显降低的（　　）。

A.保险人可以要求解除合同　　B.保险人可以要求增加保险费

C.保险人应当退还相应保险费

6.保险标的的保险价值明显降低的，保险人应当降低保险费并退还。此处的保险合同是指（　　）。

A.人身保险合同　　B.定值财产保险合同　　C.不定值财产保险合同

7.一次性缴付保险费可能出现在以下那些保险合同中？（　　）

A.意外伤害保险　　B.重大疾病保险　　C.养老保险。

8.投保人和保险人约定采用授权银行卡扣款方式分期缴付保险费的，投保人（　　）。

A.应当始终保证账户余额充足　　B.应当在缴费期限保证账户余额充足

C.可以随意注销该银行卡

9.财产保险合同可以采用（　　）的方式缴付保险费。

A.双方约定　　B.一次性支付全部保险费　　C.分期支付保险费

➤ **复习题**

1.保险合同中，保险费缴付义务的履行主体是谁？其他人是否可以代为履行？

2.保险合同中有哪些可能增加或减少保险费的情形？

3.保险费可以采用哪些缴付方式？

4.违反保险人缴费义务的法律后果是什么？

5.李响于2015年4月2日以其本人为被保险人向保险公司投保了某重大疾病合同，约定分期10年缴付保险费，每年的4月2日为缴费日。2018年5月27日，李响因"发现左乳腺肿物三个月"入院治疗。6月8日，诊断为"左乳大导管内癌伴左腋窝淋巴结内癌转移"。经治疗后，李响于6月29日出院。在此期间，李响并未就上述保险合同缴纳续期保险费。出院后，李某向保险公司提出索赔申请，要求赔偿住院和治疗的所有费用。保险公司拒赔。请问保险公司的做法是否合法？

6.2017年4月，某企业在当地保险公司投保了企业财产保险，保险金额为3611.5万元，保险费为7.25万元，保险双方当事人当即签订了保险合同。在保险合同里，约定保险费的缴付是保险合同生效的条件。但是，在合同签订后，该企业却迟迟不按规定缴付保险费，保险公司多次派人催告均无效果。直至2017年8月，该企业在一次强台风中财产损失严重，向保险公司请求保险金的赔偿。保险公司是否需要进行赔偿？

小结自测答案

第二节　保险人的赔偿或给付义务

➤ **学习目标**

· 掌握保险金赔偿或给付的范围与金额

· 掌握财产保险中足额、不足额和超额保险的赔偿

· 掌握保险人的赔偿或给付期限

· 掌握先予支付的相关规定

➤ **引 例**

2017年5月23日，某塑料制品公司与某保险公司签订保险合同，将其厂房与机器设备全部投保企业财产保险。保险合同约定，保险期限为一年，自2017年5月24日零时起至2018年5月23日24时止，保险金额200万元，保险费1.5万元。此外，保险合同还约定，因自燃造成的财产损失不属于保险公司的赔偿范围。保险公司在订立保险合同时，向塑料制品公司说明了此处的自燃系指由于仓库及货物的问题产生的自身起火。塑料制品公司表示对此已经知晓。

2017 年 8 月 17 日，厂房起火，导致厂房部分毁损、机器设备全部毁损。塑料制品公司立刻向保险公司报了案。经调查，保险公司认定事故原因为货物堆放不当，加之仓库通风不畅，导致热量积聚而产生自燃，不属于保险赔偿范围，遂拒赔。塑料制品公司认为火灾并非货物自燃导致的，保险公司应当承担赔偿责任，并以工厂生产经营困难为由，要求保险公司先予给付部分保险金。双方发生争议，诉至法院。

保险人的赔偿或给付义务，是保险人最主要的合同义务。它指当保险合同约定的赔偿或给付保险金的条件成立时，保险人所承担的赔偿损失或者支付保险费用的责任。

一、赔偿或给付的范围和数额

保险人的赔偿或给付义务

（一）财产保险

财产保险合同是补偿性合同，保险金赔偿须贯彻损失填补原则，补偿的结果不得使被保险人额外获利，即应当以保险标的的保险价值、合同约定的保险金额以及被保险人实际遭受的损失为依据，具体确定财产保险合同的赔偿范围。

保险金额是指投保人对保险标的的实际投保金额，是保险人承担赔偿或者给付保险金责任的最高限额。保险价值是保险标的在某一特定时期和特定地区的市场价格，即保险标的的实际价值，确定赔偿金额时一般以保险事故发生时的实际价值确定。《保险法》第五十五条规定，在保险合同中可以事先约定保险标的的价值，以此作为保险人赔偿的计算标准，如果未约定，则保险标的价值以事故发生时的实际价值为准。

实践中存在以下三种保险金额类型，各种保险金额类型下，具体赔偿数额的确定存在差别。

（1）足额保险，又称为全额保险、全部保险，是指保险金额等于保险价额的保险。在足额保险的情况下，保险人根据被保险人实际遭受的损失承担赔偿责任，但最高金额不得超过保险金额。

（2）不足额保险，又称为低额保险、部分保险，是指保险金额低于财产实际价值的保险。在不足额保险的情况下，保险人以比例责任赔偿方式承担责任。比例责任赔偿方式是指以保险金额与保险价值的比例，乘以被保险人的实际损失金额，最终确定保险人所应承担的赔偿数额，即赔偿数额＝实际损失金额 ×（保险金额 ÷ 保险标的的实际价值）。

（3）超额保险，是指保险金额高于财产实际价值的保险。我国不承认超额保险中超出保险价值部分的合同效力，因此在超额保险的情况下，保险人根据被保险人实际遭受的损失承担赔偿责任，但最高金额不得超过保险标的的实际价值。

（二）人身保险

在人身保险合同中，除了具有补偿性的个别险种外，基本上属于给付性合同（定额保险），其保险金数额的确定应当依据保险合同的约定。因为对人的寿命、身体等标的无法衡量价值，保险价值在人身保险中没有存在的基础，所以事故发生后，保险人一般按合同约定根据各事故保额确定最终给付的数额。

二、事故核定、赔偿或给付的期限

保险事故发生后，保险人在接到投保人、被保险人或受益人的出险通知及赔偿或给付请求后，应立即对事故进行调查，确定是否属于保险责任，并确认赔偿或给付金额。对于不属于保险赔偿或给付义务范围的，应向被保险人或受益人发出拒绝赔偿或给付决定，对于属于保险赔偿或给付义务范围的，应当及时确定保险金的赔偿或给付数额，并与权利人达成协议，分下列情形履行赔偿或给付义务。

（1）保险合同中明确约定事故核定以及保险金赔偿或给付期限的，保险人应当在合同约定的期限内拒赔或完成赔偿或给付。

（2）保险合同中没有明确约定保险金核定以及赔偿或给付期限的，依法律规定。

保险公司在接到被保险人或受益人的理赔申请后，首先要进行核定，以确定是否属于保险人需要承担保险责任的范围，然后根据事故的损失情况结合保险合同约定确定最终的赔偿或给付保险金的金额，这些在《保险法》中都有明确的时间限制。

根据我国《保险法》第二十三条的规定，保险人收到被保险人或者受益人的赔偿或者给付保险金的请求后，应当及时作出核定，除合同另有约定，应当在 30 日内作出核定。如果不属于保险责任，保险人确定不予承担赔偿或给付保险金责任的，根据《保险法》第二十四条的规定，应在核定之日起三日内向被保险人或受益人发出拒赔通知书。

关于《保险法》第二十三条中保险人核定时间三十日的起算时间，《司法解释（二）》第十五条进行了明确的阐释。保险人对事故进行核定的起算时间是初次收到索赔请求及相关证明资料之日起。其间，可以扣除保险人要求投保人、被保险人或受益人补充材料的时间，即从保险人通知要求补充材料起一直到相关材料到达保险人之日止的这段时间。

当保险人核定认为属于保险人保险责任范围的，需要进一步明确赔偿或给付保险金的金额。根据《保险法》第二十三条第一款的规定，实际执行赔偿或给付保险金义务是在双方达成赔偿或给付保险金的协议后十日内。该条只明确了执行赔偿或给付保险金义务距离达成赔偿协议的期限，但对保险人何时确定金额没有明确规定。这是符合保险理赔实务实际的。保险人在确定事故属于保险责任后，需要仔细核查损失以确定赔偿或给付的具体金额，有时需要花费较多的时间进行勘查定损。因此，《保险法》第二十五条又规定了先予支付的制度。

三、先予支付

（一）先予支付的概念

保险金的先予支付，又称"预付赔款"，是指保险人对给付请求权人提供的证明、资料进行认定后，认为事故属于保险赔偿或给付义务范围，在最终确定给付金额之前，预先支付其可以确定的最低数额的金钱。

（二）先予支付的构成要件

我国《保险法》规定的先予支付的构成要件包括以下几条。

（1）已经认定事故属于保险给付范围。如果事故是否属于保险赔偿或给付范围尚不能确定，须先认定事故属于保险范围，此时不适用先予支付。

（2）在收到赔偿或给付请求或有关证明和资料后六十日内不能最终确定给付金额，即在法定期限内不能确定赔偿或者给付的数额。此处的法定期限，在收到有关证明和资料的情况下，以保险人认为被保险人提供的证明和资料足够整齐完备为起算点。如果保险人认为被保险人提供的证明和资料不完整，可以要求补充提供。在资料和证明完整后，保险人应当及时定损理赔，如果在补充证明和资料后的六十日内已经认定事故属于保险范围，只是不能确定最终给付金额，就适用先予给付。

（3）先予支付的金额是可以确定的最低数额。

（4）先予支付的金额将从最终赔偿或给付金额中扣除。最终赔偿或给付金额是指保险人最终确定应对保险事故给付的保险金总额。由于在最终赔偿或给付之前，保险人已预先支付，其在最终给付时，只需就差额部分向被保险人或受益人支付。

四、赔偿或给付的违反

根据我国《保险法》第二十三条的规定，保险人未在三十日内及时核定或在达成赔偿或给付协议十日内未及时支付的，应当赔偿被保险人或者受益人因此受到的损失。此处的损失目前主要为逾期所产生的利息损失，可以在合同中进行约定。

➤ 本节内容提要

保险金的赔偿或给付是保险合同中保险人最主要和最核心的义务。

保险金赔偿或给付的数额不但要根据合同约定，在财产保险中还要考虑标的本身的价值，财产标的的价值可以事先约定。

保险人在收到赔偿或给付请求后应当及时核定，并及时支付保险金。

对于法定时间内无法确定赔偿或给付数额的，可以先予支付，待最终确定赔偿或给付保险金时进行扣除。

➤ 引例分析

本案例中，塑料制品公司因事故导致的损失，与保险公司在事故性质和原因上发生争议，并要求保险公司能够先予支付。

根据《保险法》第二十三条和第二十五条的规定，以及保险业务的处理流程，保险公司在接到被保险人或受益人请求保险金赔偿或给付的申请资料之日起三十日内应当作出是否赔偿或给付的决定，应当在六十日内确定赔偿或给付的金额。若难以确定，可以根据已有证明和资料确定的数额先予支付。

本案例中，塑料制品公司的事故是否属于保险责任尚属有争议，如果事故的确是自燃导致的，则保险公司不需要承担保险金的赔偿责任，也就谈不上先予支付。因此，塑料制品公司应当先与保险公司解决事故是否属于保险责任的争议。只有在保险公司需要承担保险金赔偿责任的前提下，才可能谈及先予支付。

▶ **小结自测**

1.财产保险合同中，保险事故发生后，确定赔偿金额的依据包括（　　）。

A.保险金额　　B.保险价值　　C.实际损失

2.不足额保险是指（　　）的财产保险合同。

A.保险价值大于保险金额　　B.保险金额大于保险价值　　C.保险金额等于保险价值

3.保险金额大于保险价值的保险的财产保险是（　　）。

A.足额保险　　B.超额保险　　C.不足额保险

4.保险人受到被保险人或受益人的赔偿或给付保险金的请求后，应当在（　　）内做出核定。

A.六十日　　B.十日　　C.三十日

5.属于保险责任，保险人与被保险人或受益人达成赔偿或给付保险金的协议后（　　）内，履行赔偿或者给付保险金义务。

A.三十日　　B.十五日　　C.十日

6.保险人对被保险人或者受益人的赔偿或给付保险金请求核定后，对不属于保险责任的，应当自做出核定之日起（　　）内发出拒绝赔偿或拒绝给付保险金的通知书。

A.三日　　B.五日　　C.十日

7.保险人自受到赔偿或给付保险金请求的有关证明、资料之日（　　）内，对赔偿或给付保险金数额不能确定的，应当根据已有证明和资料可以确定的数额先予支付。

A.三十日　　B.六十日　　C.九十日

▶ **复习题**

1.分别阐述在足额保险、不足额保险、超额保险中如何确定赔偿金额。

2.被保险人或受益人请求保险人赔偿或给付保险金后，关于保险人核定以及赔偿或给付保险金的期限有哪些规定？

3.违反及时核定或赔偿义务的，保险人要承担怎样的法律后果？

4.2017年3月，张某与浙江某汽车销售有限公司签订了一份委托代理购销汽车合同。该合同明文约定：张某委托浙江某汽车销售有限公司为其购买某品牌轿车一辆，约定金额为18万元。同年4月1日，受托人浙江某汽车销售有限公司为张某购置该款汽车，卖方向该销售公司开具的机动车销售统一发票上的金额为12万元。同日，购车人张某就该轿车在某保险公司投保机动车辆损失险，保险金额为18万元。投保人张某共缴纳保险费6733元，保险期限自2017年4月2日至2018年4月1日。2017年12月

17日，投保人张某驾驶该轿车与他人驾驶的车辆相撞，上述投保车辆报废。同年12月25日，投保人张某向保险公司提出索赔要求，要求保险公司向其履行保险责任，赔偿承保车辆的损失18万元。但是，保险公司认为，投保人张某购买该轿车的货币价值应为12万元，即保险标的的保险价值为12万元，而张某竟然以18万元的保险金额向保险公司投保。保险公司以该保险金额超过了保险标的实际价值，超过保险价值的部分无效为由，只同意向投保人张某支付保险赔偿金12万元，双方发生纠纷。本案该如何处理？

小结自测答案

第三节　如实告知义务

▶ 学习目标

· 掌握如实告知义务的主体
· 掌握如实告知义务的履行时间
· 掌握如实告知义务的告知内容
· 掌握违反如实告知义务的法律后果
· 掌握保险人的弃权和禁止反言规定

▶ 引　例

2017年6月13日，王某为其母亲向某保险公司购买了一款终身寿险。王某在投保书健康告知栏内均填写了"无"。由于其母在投保时年龄超过了50岁，按照保险公司要求，由专门医生在指定医院进行体检，体检结果正常。

2018年4月，其母生病，2018年5月经市人民医院确诊为非何杰金氏淋巴瘤，医生证明患者生命垂危。根据保险合同相关条款的规定，保险公司在此情形下应做出相应的保险金给付。2018年6月，王某向保险公司申请赔偿，但保险公司调查发现，其母在投保前半年已身患严重疾病，曾在一家医院住院半月，但其未将此事告知保险公司，也未在投保栏中如实反映身体状况。保险公司认为王某违反如实告知义务，拒绝赔偿。

王某认为其母已经经过保险公司的体检，结果正常，就不需要再承担如实告知义务了，因此向人民法院起诉要求保险人支付相应的保险金。

如实告知义务，是指在保险合同订立时，告知义务人所负有的将有关保险标的的重要事实如实告知保险人的义务。如实告知义务是合同订立过程中的法定先合同义务，无论双方是否在保险合同中约定，告知义务人均应当如实向保险人履行该义务。

一、告知的主体

根据我国《保险法》第十六条第一款的规定，在保险合同订立过程中，投保人负有告知义务。

虽然《保险法》明确仅投保人负有如实告知义务，但是在实际保险合同的订立过程中，保险人往往要求被保险人亦承担如实告知义务。保险人这么做的原因是相比投保人，被保险人往往对保险标的的风险状况最了解，尤其是在人身保险中。如果投保人与被保险人不是同一人，投保人对被保险人的身体状况的了解是有限的，因此，保险人会将被保险人纳入如实告知义务人的范围。存在争议的是，《保险法》第十六条及相关司法解释对投保人如实告知义务的法律规定是否同样适用于被保险人。

二、告知的时间

一般认为，告知义务的履行时间为合同订立时。但在某些特殊的情形下，当合同续订、变更符合合同订立的条件时，告知义务人仍负有如实告知义务。

（一）保险合同订立时的告知

在保险合同订立时告知义务主体负有告知义务。所谓保险合同订立时，是指义务人于投保时开始至保险合同成立时为止的时间。

（二）保险合同续订时的告知

续约时，应区分不同情况来看其是否须履行告知义务。保险合同的续约是指保险合同的保险期限届满后，当事人为使原保险合同的效力持续进行，约定其保险合同效力继续。此时，如果原保险合同因"自动续约条款"而续订，则意味着双方当事人有以原合同内容不变而继续维持合同效力的意思表示，保险人以投保人在原合同订立时所告知的内容为其承保的条件，投保人无须再履行如实告知义务；如果原保险合同中，没有"自动续约条款"，而在保险期限届满后双方当事人达成续约的协议，续订保险合同，则告知义务人应当重新履行如实告知义务。

（三）保险合同复效时的告知

投保人申请保险合同复效时，根据保险人的要求应再履行告知义务。根据前文，保险合同复效是指在分期缴费的人身保险合同中，投保人没有在宽限期内及时缴费导致合同效力中止后，保险人与投保人达成恢复保险合同效力的约定，并由投保人补缴保险费，使效力中止的保险合同恢复效力的情形。在此情形下，虽然保险人承保的仍是原有的保险合同，但基于防范道德风险的需要，保险人可以要求投保人告知中止期间标的危险程度发生的变化。

（四）保险合同变更时的告知

保险合同订立后，合同双方当事人可以变更保险合同的内容。如果变更后的保险合同与原保险合同之间的区别对保险人的危险估计会产生影响，则告知义务主体应当重新履行如实告知义务。

三、告知的内容

投保人告知的内容

投保人在履行如实告知义务时，须明确哪些需要如实告知，哪些不需要。只有明确告知义务的内容，才可以判断投保人是否已经履行了告知义务。

（一）告知的内容以重要事实为限

根据我国《保险法》第十六条第二款的规定，投保人告知的内容是对保险事故发生或损失可能影响较大的重要事实，判断标准为足以影响保险人决定是否同意承保或者提高保险费率。虽然法律没有明确重要事实的举证责任，但一般认为保险人负有证明某些事实是重要事实的举证责任。

从内容上看，在各国的保险实践中，投保人所应告知的事实，通常包括：（1）为特殊动机而投保的，有关此种动机的事实；（2）显示投保人在某方面非正常的事实；（3）表明保险危险特殊性质的事实；（4）足以使保险危险增加的事实。

（二）告知的内容以保险人询问为限

根据《保险法》第十六条及《司法解释（二）》第六条的规定，如实告知义务采用询问告知的方式，即告知义务人只需如实回答保险人的询问就履行了如实告知义务，不需要告知义务人主动告知。

在实务中，保险人为了了解标的的风险状况，有时向告知义务人提出过度概括性的问题，概念模糊，难以回答。根据《司法解释（二）》第六条的规定，对于概括性问题告知义务人若未如实告知，不承担违反如实告知义务的责任，除非保险人对于询问是否具体明确承担举证责任。

（三）以投保人明知为限

对于标的的风险状况，投保人在订立保险合同时可能并不完全知晓，但如果这些事实对事故发生有严重影响，保险人需要知道这些信息来确认是否承保及保险费率。实务中，一些保险人以投保人未告知这些事实为由，请求解除合同并对事故不予赔偿或给付。

根据《司法解释（二）》第五条的规定，投保人只对明知的事实承担如实告知义务，对不知的事实即使不告知也不违反如实告知义务。

（四）体检依然需要告知

在人身保险合同订立的实务中，保险人通知超过一定保额或年龄的被保险人体检，以进一步了解对方的身体状况。虽然体检是保险人控制风险的手段，但并不能免除在此范围内投保人的如实告知义务。

根据《司法解释（三）》第五条的规定，投保人对体检内容依然负有如实告知义务，除非保险人明知体检结果依然承保的。

四、告知的违反

（一）违反告知义务的具体情形

如实告知义务的违反

《保险法》根据投保人的主观心理状态，将其不履行告知义务区分为故意和重大过失两种情形。

（1）故意，即投保人明知所隐瞒的事实对保险公司决定是否承保或确定保险费率影响重大，却故意隐瞒事实，不履行如实告知义务。具体表现为投保人对已知的事实故意不予告知，或仅告知一部分，并未说明全部事实。

（2）重大过失。因重大过失未履行如实告知义务是指投保人并非以刻意隐瞒为目的，一般是针对投保人因重大疏忽而导致的误告或遗漏而言的，并且不包括因一般过失导致的误告或者遗漏。

如何区分故意和重大过失是司法实践中比较困难的事情，一般只能以投保人的行为表现来判断其主观心理状态。而且，还要区分重大过失与一般过失。只有重大过失违反如实告知义务才会产生对被保险人不利的法律后果。

（二）违反告知义务的法律后果

1. 保险合同的解除权

根据《保险法》第十六条第二款的规定，投保人故意或者因重大过失未履行前款规定的如实告知义务的，保险人有权解除合同。

同时，根据《保险法》第十六条第三款的规定，保险人的合同解除权是有行使期限的。当保险人知道有解除事由之日起超过 30 日不行使，该解除权消灭；自合同成立之日起超过两年的，保险人不得解除合同。该条款称作不可抗辩条款，是从保险合同本身特点出发，为保护投保人、被保险人和受益人的权益而制订的。

因此，如果投保人违反告知义务，保险人行使保险合同解除权需满足以下条件。

（1）投保人隐瞒的事实须对保险人决定是否同意承保或者提高保险费率具有影响，否则保险人不可主张保险合同的解除；

（2）保险人须在知道解除事由之日起 30 日内行使，否则合同解除权消灭；

（3）保险人须在保险合同成立之日起两年内行使，否则合同解除权消灭。

2. 赔偿或给付保险金责任的免除

根据《保险法》第十六条第四款和第五款的规定，保险人是否会免除赔偿或者给付保险金的责任，因告知义务人的主观方面的不同而不同。

如果投保人是故意隐瞒事实，违反告知义务，保险人对保险合同解除前发生的保险事故不承担赔偿或者给付保险金的责任。在此情形下，无论隐瞒的事实是否对保险事故的发生造成影响。

如果投保人是因重大过失未履行如实告知义务，只有当隐瞒的事实对保险事故的发生有严重影响时，保险人才能对保险合同解除前发生的保险事故不承担赔偿或者给付保险金的责任。

此外，保险人拒绝赔偿或给付保险金必须以解除保险合同为前提。根据《司法解释（二）》第八条的规定，除非另有约定，否则保险人在行使合同解除权前不得拒绝赔偿或给付保险金。

3. 保险费

在告知义务人违反告知义务的情形下，保险人是否需要退还保险费，因告知义务人的主观方面的不同而不同。如果告知义务人故意隐瞒，违反告知义务，保险人无须退还保险费；如果告知义务人是由于重大过失违反告知义务，保险人必须退还保险费。

五、保险人合同解除权的弃权和禁止反言

弃权与禁止反言，是指保险合同一方当事人任意放弃其在保险合同中可以主张的某种权利，将来不得再向他方主张这种权利。《保险法》第十六条第六款和《司法解释（二）》第七条是弃权与禁止反言的条款。

根据《保险法》第十六条第六款的规定，保险人在订立合同时明知投保人未如实告知仍然承保，则视作保险人放弃了可以解除合同的权利，这一权利以后不得再主张。

根据《司法解释（二）》第七条的规定，在保险合同成立后，保险人明知投保人未履行如实告知义务，如果没有解除合同而是继续收取保险费，则视作保险人放弃解除合同的权利，以后保险人不得再主张这一权利。

➤　**本节内容提要**

如实告知义务是投保人在订立合同时需要履行的一项法定义务，是为了使保险人了解标的的风险状况。

投保人一般在合同订立时、合同续订时和申请复效时需要履行如实告知义务。

投保人履行如实告知义务时，向保险人告知的内容限于：（1）重要事实的范围；（2）保险人询问的范围；（3）投保人知道的范围。

投保人主观状态不同，因故意或重大过失违反如实告知义务的法律后果也不同。保险人解除保险合同的权利是有行使期限的，保险人拒绝赔偿或给付的前提是保险合同的解除。

保险人在明知投保人违反如实告知义务的情况下依然订立保险合同或收取保险费的，被视作保险人放弃了合同解除权，并不得再行使该权利。

➤ **引例分析**

　　在案例所描述的纠纷中，王某与保险公司所争议的焦点是保险公司安排被保险人体检后，投保人是否可以豁免相应内容的如实告知义务。根据我国保险法律规范性文件的内容，王某对法律规定产生了错误的理解。

　　首先，如实告知义务是《保险法》明确的投保人应当履行的法定义务。通过该义务的履行，保险人可以了解被保险人或保险标的的真实风险状况，并可以降低逆选择的风险，因此该法定义务不会因某些情形的变化而免除。

　　其次，体检是在人身保险中保险公司通常采取的控制风险的手段之一，安排某些保额较高、年龄较大或因其他因素可能有逆选择隐患的被保险人体检，可以减少高风险标的承保的风险。不过，保险公司安排的体检并不能豁免投保人在合同订立时的如实告知义务。根据《司法解释（三）》第五条的规定，保险合同订立时，被保险人根据保险人的要求在指定医疗服务机构进行体检，当事人主张投保人如实告知义务免除的，人民法院不予支持。

　　可见，王某母亲虽然根据保险公司的要求进行了体检，但王某依然要履行如实告知义务，否则就要承担因不履行该义务而产生的不利后果。本案例中，王某如果确知其母投保前患病的情况而不告知，可认定为因重大过失未履行如实告知义务，如果该未告知事项与其母投保后所发生的疾病有重大关系，保险人就可以解除合同并不承担给付保险金的责任。

➤ **小结自测**

　　1.保险合同订立时，告知义务的履行主体是（　　）。

　　A.被保险人　　B.投保人　　C.保险人

　　2.投保人在履行如实告知义务时，应当将（　　）如实告知保险人。

　　A.足以影响保险人决定是否同意承保的事实　　B.与标的风险相关的全部事实

　　C.足以影响保险人决定是否提高保险费率的事实

　　3.投保人在履行如实告知义务时，应当（　　）。

　　A.如实全面告知　　B.如实回答保险人关于标的风险状况的询问　　C.主动告知

　　4.保险人的询问如果属于概括性问题，投保人未如实告知，则（　　）。

　　A.承担违反如实告知义务的后果　　B.不承担违反如实告知义务的后果

　　C.保险人可以解除合同

5.投保人在履行如实告知义务时，应当告知投保人（　　）的事实。

A.明知　　B.应知　　C.不知

6.保险公司对被保险人体检后，投保人如实告知义务（　　）。

A.可以免除　　B.可以部分免除　　C.应当继续履行

7.根据《保险法》，确认投保人违反如实告知义务的主观状态包括（　　）。

A.故意　　B.过失　　C.重大过失

8.若投保人违反如实告知义务，自合同成立之日起超过（　　）的，保险人不得解除合同。

A.两年　　B.一年　　C.三十日

9.保险人明知投保人违反如实告知义务的，自知道之日起超过（　　）不行使，该解除权消灭。

A.六十日　　B.三十日　　C.十五日

10.投保人因故意违反如实告知义务的，保险人可以解除合同，并可以（　　）。

A.对合同解除前发生的事故不承担赔偿或给付保险金的责任　　B.不退还保险费

C.对合同解除后发生的事故不承担赔偿或给付保险金的责任

11.投保人因重大过失违反如实告知义务的，保险人可以（　　）。

A.对合同解除前发生的事故不承担赔偿或给付保险金的责任　　B.不退换保险费

C.对因未告知事项引发的保险事故，不承担赔偿或给付保险金的责任

12.保险人在合同订立时已知投保人为如实告知的，保险人（　　）。

A.不得解除合同　　B.可以解除合同

C.应当对发生的保险事故承担赔偿或给付保险金的责任

▶ 复习题

1.投保人在何时应当履行如实告知义务？

2.投保人履行如实告知义务时，哪些事实必须如实告知？

3.请简述违反如实告知义务的主客观要件及其法律后果。

4.投保人违反如实告知义务的，保险人解除合同的权利有哪些期限上的限制？

5.2014年11月，张某的父因病住院，经诊断为膀胱癌。当时，家人为避免其思想负担，没有将真实病情告诉他。张某父亲在医院做完手术后出院上班工作。

2016年1月，张某父亲经业务员劝说，投保了一份定期寿险，在如实告知栏没有告知癌症的事实。办妥一切保险手续后，保险公司给张某父亲签发了保险单。

2017年2月8日，张某父亲急诊住院，诊断为上消化道出血复化性溃疡，膀胱癌手术后转移，尿路感染，全身脏器衰竭，并于8月19日病故。张某以指定受益人身份，到保险公司请求给付保险金。保险公司在审查时，发现被保险人的死亡病史上，载明其曾患癌症并动过手术，于是拒绝给付保险金。张某认为其父不知自己患何种疾病，未违反告知义务，保险人应当承担给付保险金的责任。本案该如何处理？

小结自测答案

第四节　说明义务

➤　**学习目标**

　　·了解说明义务的立法背景

　　·掌握说明义务的履行主体

　　·掌握说明义务履行的方式和标准

　　·掌握说明义务履行的举证责任和证据形式

➤　**引　例**

　　2016年10月，王某与某保险公司签订了人身保险合同，王某作为投保人和被保险人向保险公司投保重大疾病保险，保险公司所承保的重大疾病范围中包括心肌梗死。保险合同条款在承保该疾病项下约定的条件是，必须同时具备3项医学指标。保险合同签订后，王某依约缴纳了保险费，保险公司向王某签发了保险单。

　　2017年3月，王某患病，经医院诊断为心肌梗死并住院治疗，2017年9月出院。随后，王某向保险公司提出了支付保险金的要求，但是，保险公司认为王某所患疾病不符合保险合同约定的指标，从而拒绝赔偿。

　　王某认为保险合同中所列3项医学指标是常人所不能知道的指标，应理解为保险公司的免责条款，由于保险公司未作出解释和说明，该条款无效。而保险公司认为，关于心肌梗死必须同时符合的3项医学指标，并非免责条款而是其承保范围，其无须说明。双方争执不下。

　　根据保险合同的附和性特征，订立保险合同一般都是采用保险人提供的格式合同或格式条款。根据《民法典》第四百九十六条的规定，采用格式条款订立合同的需要进行一定程度的说明。而保险合同基于其专业性，一般投保人仅靠阅读难以完全把握合同条款的含义，需要保险人协助说明合同的内容。因此，此处所说的说明义务，是指保险人在与投保人订立保险合同时，须对保险格式合同的条款作确定的解释和说明，使投保人能够清楚地了解合同内容。根据《保险法》第十七条第一款的规定，订约说明义务是保险合同订立过程中的法定义务。

一、说明义务的履行主体

在保险合同的订立过程中，投保人有义务向保险人如实告知标的的风险状况，保险人有义务向投保人说明格式合同条款的相关内容。根据《保险法》第十七条的规定，说明义务的履行主体是保险人，具体执行人往往是从事保险业务销售工作的业务人员。

由于保险人的说明义务是法定义务，不能通过合同约定的方式豁免保险人的此项义务，因此只要采取保险人提供的格式条款订立保险合同的，保险人必须履行该义务。

二、说明义务的履行方式和标准

说明义务的履行标准

保险人的说明义务在履行过程中需要符合法律规范，否则可能面临因违反该义务而带来的不利后果。

（一）说明义务的履行方式

保险人在履行说明义务时，需要先向对方提供格式条款，然后对合同内容进行说明，对某些特别的条款还需要提示和明确说明。

1. 针对全部格式条款的说明义务履行

（1）提供格式条款。根据《保险法》第十七条第一款的规定，保险人向投保人提供投保单的同时应当附格式条款。投保人作为合同订立的一方，有权对保险合同的全部内容逐条阅读和了解，保险人及其工作人员在招揽业务并向对方提供投保单时，应当附格式条款。

在实务中，存在保险销售业务人员仅以保险产品宣传资料作为资料提供给投保人，而不提供完整保险合同格式条款的现象，这是不符合法律要求的。

（2）一般说明。根据《保险法》第十七条第一款的规定，保险人除向投保人提供格式条款外，还需要向投保人说明合同的内容。此义务称为一般说明义务，以区别于第二款针对免除保险人责任条款的明确说明义务。

保险人的一般说明义务是针对保险合同的全部内容，要求保险人逐条向投保人说明。不过，相关法律和司法解释对一般说明义务的履行没有明确的程度标准，因此，保险业务员在业务活动中往往怠于履行该义务。其实，投保人有权要求对全部或个别疑难条款进行解释，保险人及其业务员不得拒绝。

2. 针对免除保险人责任条款的说明义务履行

根据《保险法》第十七条第二款的规定，对于保险合同中免除保险人责任的条款，除了要提供条款和一般说明外，还规定了更加严格的履行要求和标准。

（1）免除保险人责任的条款的范围。《保险法》第十七条第二款所说的"免除保险人责任的条款"在《司法解释（二）》第九条中进行了明确，主要包括格式文本中的责任免除条款、免赔额、免赔率、比例赔付或者给付等免除或减轻保险人责任的条款。该条列举了保险合同中常见的条款并兜底，明确了"免除保险人责任的条款"是指免除或减轻保险人责任的条款。

此外，《司法解释（二）》认为，因投保人、被保险人违反法定或约定义务而使得保险人享有的合同解除权条款，不属于"免除保险人责任的条款"。例如，投保人违反如实告知义务及其法律后果的相关条款不需要进行明确说明。

（2）提示义务。根据《保险法》第十七条第二款，对保险合同中免除保险人责任的条款，保险人在订立合同时应当在投保单、保险单或者其他保险凭证上作出足以引起投保人注意的提示。因此，提示义务是对特殊条款进行说明的前提。

根据《司法解释（二）》第十条的规定，法律、行政法规中的禁止性规定作为保险人免责事由的，保险人只需对这些条款进行提示即履行了说明义务。因为这些条款是公开的法律法规中明确的禁止性规定，作为一国公民理应了解，不属于保险人应当向投保人详细说明的内容。

对于提示的标准，《司法解释（二）》第十一条第一款进行了明确，即只要保险人在保险凭证上对免除保险人责任的条款以足以引起投保人注意的文字、字体、符号或者其他明显标志作出提示的，就符合了提示的履行要求。此处，"足以引起投保人注意"是履行提示义务的核心标准，不论保险人采用何种方式，只要满足这个标准就符合该义务的履行要求。

（3）明确说明。对于免除保险人责任的条款，除了提示，《保险法》第十七条第二款要求进行明确说明。此处的明确说明是针对前文所述及的一般说明而言的。相对于一般说明，明确说明的要求更高，对此《司法解释（二）》第十一条第二款有明确规定。根据该条规定，明确说明的内容是"免除保险人责任的条款"的概念、内容及其法律后果；明确说明的形式可以是书面或口头形式；明确说明的标准是作出常人能够理解的解释说明。

并且，《司法解释（二）》第十二条对于通过网络、电话等方式订立保险合同时保险人该如何履行提示和明确说明义务进行了规定，即以网页、音频、视频等形式都可以进行明确说明。这一规定符合实务中越来越多的通过网络、电话等方式购买保险产品的情况。

三、违反说明义务的法律后果

从上述分析可知，保险人在说明义务的履行问题上，可将整个保险合同分为两大部分：一是全部格式条款；二是"免除保险人责任的条款"。显然后者对说明义务履行的要求更高。

从目前的法律规定来看，如果对全部格式条款没有履行提供条款或一般说明的义务，对保险人而言不会产生明确不利的法律后果。

根据《保险法》第十七条第二款的规定，对免除保险人责任的条款如果没有适当履行提示或者明确说明义务的，保险人将面临相关条款无法发生效力的不利后果。这一后果对于保险人来说是十分严重的，保险人无法根据这些条款免责，从而需要承担更大范围的保险责任。

四、说明义务履行的认定

为了防止因说明义务履行瑕疵所带来的不利后果，保险人一般采用固定证据的方式来证明自己对该义务的恰当履行。

根据《司法解释（二）》第十三条的规定，保险人对自己是否履行了明确说明义务负举证责任。而且该条对于怎样的证据可以用于证明义务的恰当履行也进行了明确，即投保人在相关文书上的签字或盖章确认可以作为认定保险人已经履行了明确说明义务的证据，除非另有证据。

➤ **本节内容提要**

因为保险合同的订立大多采用保险人提供的格式条款，保险人需要向投保人说明格式条款的内容。

格式条款的说明义务分为两个程度：一是针对全部条款的提供和一般说明；二是针对"免除保险人责任条款"的提示和明确说明。

违反明确说明义务的法律后果是"免除保险人责任的条款"不发生效力。

保险人对履行了说明义务负举证责任，并可以通过投保人的签字或盖章来固定证据。

➤ **引例分析**

根据明确说明义务，在王某与保险公司订立人身保险合同时，保险人应当就免除保险人责任的条款向投保人进行明确说明。

根据《司法解释（二）》第九条对于免除保险人责任的条款的解释，免除责任条款、免赔额、免赔率、比例赔付或者给付等免除或减轻保险人责任的条款属于保险公司应当明确说明的内容，否则这些条款将不发生效力。

本案的争议焦点并非保险公司是否履行过明确说明义务，而是所涉的人身保险合同中对心肌梗死所作出的必须同时具备3项医学指标之条款是否属于"免除保险人责任的条款"。

我们认为，该3项医学指标在一般情况下，投保人不可能知晓其含义。如果保险人在投保人投保时，未对这3项指标作出说明，对于心肌梗死这种足以致人死亡的重大疾病，投保人作出经医院诊断患有心肌梗死即可获得赔偿的理解，应属正常理解。但是，本案中的保险人在保险合同条款中作出了高于通常理解的规定，要求投保人对普通医学认定标准和该3项专业医学认定标准进行区分，应当认为是加重了投保人的责任，减轻了保险人的责任，属于《司法解释（二）》第九条保险公司应当明确说明的内容。

基于上述判断，保险公司对于保险合同中心肌梗死3项医学标准的条款没有明确说明，根据《保险法》第十七条第二款的规定，这些条款不发生效力。因此，保险公司不得以王某的心肌梗死未符合3项医学标准为由拒绝承担给付保险金的责任。

➤ **小结自测**

1. 保险合同中保险人的说明义务（ ）。

A. 是约定义务　　B. 是法定义务　　C. 应当在保险合同订立时履行

2. 保险人在履行说明义务时，（ ）。

A. 应当向投保人提供格式条款　　B. 可以之提供宣传资料　　C. 可以不提供格式条款

3.订立保险合同时，保险人（　　）。

A.应当向投保人说明全部合同内容　　B.只需对部分合同内容进行说明

C.只需对免除保险人责任的条款进行说明

4.《保险法》第十七条第二款中的免除保险人责任的条款包括（　　）

A.免赔额和免赔率　　B.责任免除条款　　C.比例赔付或者给付

5.《保险法》第十七条第二款所述对免除保险人责任条款进行提示的标准是在保险凭证上作出（　　）的提示。

A.足以引起保险人注意　　B.足以引起普通人注意　　C.足以引起投保人注意

6.对于法律、行政法规中的禁止性规定所谓保险人免责事由的，保险人（　　）视为履行了明确说明义务。

A.进行提示和明确说明后　　B.只需提示　　C.不必提示和明确说明

7.保险人对免除保险人责任的条款进行明确说明时，（　　）。

A.可以采用口头或书面形式　　B.必须口头形式　　C.必须书面形式

8.保险人对免除保险人责任的条款进行明确说明的标准是（　　）。

A.达到常人能够理解的程度　　B.达到投保人能够理解的程度

C.达到保险人认为已经明确说明的程度

9.以网络、电话等方式订立保险合同的，保险人可以通过（　　）履行提示和明确说明义务。

A.网页　　B.音频　　C.视频

10.保险人未履行明确说明义务的，（　　）。

A.保险合同无效　　B.免除保险人责任的条款不发生效力　　C.保险合同不生效

11.（　　）对保险人是否履行了明确说明义务承担举证责任。

A.保险人　　B.投保人　　C.被保险人

▶ 复习题

1.保险人应当如何履行一般说明义务？

2.保险人应当如何履行明确说明义务？

3.简述保险人未正确履行明确说明义务的法律后果。

4.如何认定保险人履行了明确说明义务？

5.2017年12月，小李到驾校报名学习驾驶技术，准备明年初取得驾照。2018年2月，小李摇号获得购车资格，遂购买了一辆轿车并向保险公司投保了交强险、机动车辆损失险和第三者责任险。保险单载明："因驾驶员饮酒、吸毒、药物麻醉、无有效驾驶证造成保险车辆损失或第三者的经济赔偿责任，保险人不负赔偿责任。"2018年3月6日，正在学车的小李技痒难耐开车上路，没想到遇到复杂路况处理不当发生交通事故。小李当场向保险公司报案要求保险公司承担赔偿责任。保险公司审核后发现小李系无照驾驶，向小李发出拒赔通知。小李认为保险公司虽说明了该免责条款的内容，但对何谓无有效驾驶证的情形没有逐一说明，违反了保险人的明确说明义务，该条款不发生效力，保险公司不得拒绝赔偿。

请问你认同小李的观点么？为什么？

小结自测答案

第五节　保险事故发生的及时通知义务

➤ 学习目标

·了解该通知义务的立法背景
·掌握该通知义务的主体
·掌握该通知义务的履行方式和内容
·掌握该通知义务的时间和违反后果

➤ 引　例

2017年10月28日，张某与保险公司签订保险合同，为其轿车购买了车辆损失险、第三方责任险和盗抢险。保险合同约定，保险期限为一年，自2017年10月29日0时起至2018年10月28日24时止，保险金额20万元。

2017年12月10日，张某驾驶轿车发生交通事故，造成轿车部分损失。在保险事故发生后，张某没有通知保险公司，而是直接驾驶轿车离开现场去修理厂维修。等车修理完毕后，张某向保险公司提出赔偿请求，并提供维修发票以示证明。保险公司认为投保人未履行出险通知义务，无法确定损失原因和性质，拒绝承担全部损失的赔偿责任。

保险事故发生的通知义务，是指保险事故发生后被保险人应当及时通知保险人的义务。之所以要在保险事故发生后通知保险人，是为了保证保险人能在第一时间进行勘查定损，以核定责任，确定赔偿或给付金额。

一、通知义务的履行主体

根据《保险法》第二十一条的规定，投保人、被保险人或者受益人知道保险事故发生后，应当及时通知保险人。根据该条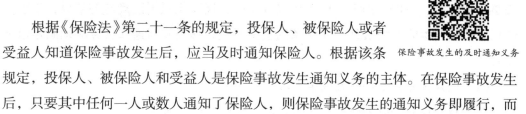 保险事故发生的及时通知义务

规定，投保人、被保险人和受益人是保险事故发生通知义务的主体。在保险事故发生后，只要其中任何一人或数人通知了保险人，则保险事故发生的通知义务即履行，而无须所有保险合同当事人及关系人均履行。但在不同的险种下，保险事故发生的通知主体又有所区别。

在财产保险中，当保险事故发生时，通知义务履行人为投保人或被保险人。因为投保人为保险合同订立人，被保险人则是保险事故发生时直接受损害的人，当然负有通知义务。

在人身保险中，在保险事故发生时，投保人、被保险人属于通知义务主体，受益人既然是直接可以向保险人请求支付保险金的人，当然也应当负有通知义务。

二、通知义务的履行方式

如果保险合同当事人在合同中约定了通知的方式，则应当以此方法通知保险人，但此种情况下，不得对投保人、被保险人或受益人造成不利影响。如果合同当事人在合同中未约定通知的方式，投保人、被保险人或受益人可以任何方式通知保险人。

三、通知的内容

保险事故发生后，义务人应将事故发生的事实通知保险人，其只以通知发生保险事故的事实为限，不要求将事故的原因、性质或损失程度等一并通知保险人。

四、通知义务的履行时间和违反

保险事故发生后，通知义务人应当及时向保险人通知事故的情况，如果由于通知延误导致保险人无法进行勘查定损，通知义务人将要承担一定的不利后果。

《保险法》第二十一条虽未直接明确及时的具体时限，但明确了不及时的情形。据此，我们可以判断，只要投保人、被保险人或受益人的通知没有达到违反通知义务的情形，即视为及时通知。

根据《保险法》第二十一条的规定，故意或者因重大过失未及时通知，致使保险事故的性质、原因、损失程度等难以确定的，保险人对无法确定的部分，不承担赔偿或者给付保险金的责任。从法条的文义可见，违反及时通知义务必须满足以下要件。

（1）通知义务人主观故意或重大过失；

（2）致使保险事故的性质、原因、损失程度等难以确定；

（3）不及时通知与无法勘查定损之间有因果关系。

可以这样认为，只要通知义务人没有从主观或客观上阻挠保险人的勘查定损，就可认为保险事故的通知是及时的。

若确实因通知义务人的过错导致保险人无法勘查定损的，对无法确定的部分，保险人可以拒绝承担赔偿或给付保险金的责任。

若在通知以前，保险人已经或应当知道了保险事故的发生，则通知义务人的事故通知义务就可以豁免了。

➤ **本节内容提要**

一般保险人需要在事故发生的第一时间进行勘查，因此要求投保人、被保险人、受益人在事故发生后及时通知保险人。

保险事故发生的通知义务主体是投保人、被保险人和受益人。通知的方式不限。通知的内容以呈现事实为主。

保险事故发生的通知义务要求及时履行。保险法通过明确不及时的情形来限定及时的概念。

如果通知义务人违反保险事故发生的及时通知义务，保险人对因此无法确定的损失可以拒绝赔偿或给付保险金。

➤ **引例分析**

根据《保险法》第二十一条的规定，引例中双方争议的焦点是张某在事故发生后未通知保险公司并自行修理轿车的行为是否导致保险人无法确定事故的原因、性质和损失程度。

张某作为以自有车辆为保险标的的财产保险合同的被保险人，负有事故发生后的及时通知义务。他在没有通知保险公司的情况下将车驶离现场并修复，导致保险公司无法确定事故相关的事实，剥夺了保险人对事故的勘查定损的权利。根据《保险法》第二十一条的规定，如果张某的行为导致整个事故的原因、性质和损失程度无法确定，保险人有权拒绝承担赔偿保险金的责任。

▶ **小结自测**

1.（　）知道保险事故发生后，应当及时通知保险人。

A.被保险人　　B.投保人　　C.受益人

2.义务人知道事故发生后，故意或重大过失未及时通知保险人的，（　　）。

A.保险人对由此导致的无法确定的部分不承担赔偿或给付保险金的责任

B.保险人不承担赔偿或给付保险金的责任　　C.保险人应当赔偿或给付保险金

▶ **复习题**

1.保险事故发生的通知义务的履行主体是谁？

2.违反保险事故发生及时通知义务的法律后果是什么？

3.如何确定保险事故发生后，义务人是否及时履行了通知义务？

4.小刘有一好哥们儿，前几天结婚向小刘借车用，小刘爽快地答应了。没想到，等朋友将车还回来的时候，小刘发现爱车的保险杠凹了一大块。朋友抱歉地说开车不小心撞了护栏，由于婚礼赶时间就没有通知小刘。小刘想自己反正买了保险的，也就算了，就立即向保险公司报案请求保险金的赔偿。保险公司给小刘的答复是由于保险事故发生时没有及时通知保险公司，保险公司无法确定事故的相关事实，拒绝赔偿。请问保险人的做法合法吗？

小结自测答案

第六节　提供证明和资料的义务

▶ **学习目标**

·掌握提供证明和资料义务的履行主体

·掌握提供证明和资料的范围

·掌握义务履行中保险人的限制

·掌握保险人对事故的举证责任

▶ **引　例**

2015年年初，小王向某保险公司投保了某重大疾病保险，并按约缴付了保险费。

2017 年的一天，小王发现视力下降，经医院检查诊断为双眼视网膜色素变性，并于 2017 年 11 月 10 日住院治疗。小王的眼疾后经医学鉴定机构鉴定，符合保险合同中《人身保险残疾程度与保险金给付比例表》一级第一项"双目永久失明"的规定，可评定为一级伤残，给付比例 100%。小王遂向保险公司要求保险金的给付。保险公司则认为该重大疾病保险条款中约定"遗传性疾病"属于责任免除，而小王所患疾病为遗传性疾病，拒绝承担保险责任，除非能提供该疾病为"非遗传"的证据。

根据目前所了解的情况，没有专业机构可以鉴别该疾病是否为遗传所导致。

保险事故发生后，对于事故的核定并确定赔偿或给付保险金的金额需要大量的证明材料以及现场勘查。保险人虽然在对事故的性质、原因和损失程度等调查方面具备人力、物力、财力和专业性的绝对优势，但是由于事故发生时的一系列事实处于投保人、被保险人或受益人的掌握中，因此在一定程度上需要他们的配合。

为了能够保证尽快核定事故并确定赔偿或给付保险金的金额，《保险法》要求义务人配合提供相关的证明和资料。

一、提供证明和资料义务的履行主体

根据《保险法》第二十二条第一款的规定，在保险事故发生后，当投保人、被保险人或受益人向保险人请求保险金的赔偿或给付时，应当提供其所能提供的相关的证明和资料。根据该条的规定，提供证明和资料义务的履行主体是投保人、被保险人或受益人。当然，前提是投保人、被保险人或受益人已经在保险事故发生后向保险人请求赔偿或给付保险金。

按照《保险法》第二十二条的规定，除了请求赔偿或给付保险金的投保人、被保险人或受益人以外的其他人不负有向保险人提供证明和资料的义务。

二、提供证明和资料的范围

根据《保险法》第二十二条第一款的规定，义务人向保险人提供的证明和资料是与确认保险事故的性质、原因、损失程度有关的。与保险事故的证明无关的资料即使保险人要求，义务人也可以不予提供。

值得注意的是，该条对义务人所提供的证明和资料除了需要与证明事故有关以外，还要求是义务人所能提供的。在这里，"所能提供"的含义是事故发生后投保人、被保险人和受益人在能力范围内能给予的配合，超过义务人能力范围要求其提供相关证明和资料的，义务人可以不予执行。

更进一步说，义务人只要提供了其"所能提供"的证明和资料，该义务的履行就已经完成，保险人需要承担证明事故的性质、原因和损失程度的责任。

三、对保险人的限制

如果保险人要求义务人提供的证明和资料较多，且一次次要求对方提供，则事故的核定和赔偿或给付将遥遥无期，因此，《保险法》第二十二条第二款对于保险人要求义务人提供证明和资料的次数进行了限制，即有一次机会要求义务人补充提供。

基于保险人的专业性，其对于保险事故的性质、原因和损失程度的调查应该是极富经验的，如果需要义务人在第一次提供的证明和资料基础上进行补充，应当一次性通知完整，不得以任何理由要求义务人多次提供。义务人接到保险人两次以上要求补充资料的，可以拒绝。

四、保险人承担事故的最终举证责任

谁承担保险事故的举证责任

对于《保险法》第二十二条有一种误解，认为投保人、被保险人、受益人应当对事故的性质、原因和损失程度承担举证责任。我们的理解恰恰相反，根据该条的规定，保险人负有对保险事故的性质、原因和损失程度的举证责任。

根据该条，义务人只是配合保险人的调查，提供其所能提供的相关证明资料，而不负有主动对事故进行调查的义务，事故的证明责任自然由保险人承担。投保人、被保险人或受益人只需提供证明事故相关实施的初步证据，超过义务人能力范围的证明和资料需要保险人提供。而且，基于保险人的实力和专业性，保险人承担对保险事故性质、原因和损失程度的证明责任也是合理的。

五、义务的违反

根据《保险法》第二十二条规定，义务人对保险人要求提供的且能够提供的证明和资料不予提供，视作违反该义务。违反提供证明和资料义务的要件有：（1）保险人要求提供；（2）与证明保险事故的性质、原因和损失程度相关；（3）义务人能够提供；（4）义务人不提供。

《保险法》第二十二条没有明确义务人违反提供证明和资料义务的法律后果。但我们可以认为，如果因为义务人拒绝履行提供证明和资料的义务，导致保险人无法对事故的性质、原因或损失程度予以确定的，义务人应该要承担由此产生的不利后果，如保险人对因此不能确定的部分不予赔偿或给付等。

➤ 本节内容提要

保险人对保险事故的调查需要得到当事人的配合，申请赔偿或给付保险金的投保人、被保险人和受益人是提供证明和资料义务的履行主体。

所提供的证明和资料是用于证明事故的性质、原因和损失程度的。

保险人只有一次机会可以要求义务人补充提供证明和资料。

义务人只要在能力范围内提供证明和资料即履行了该义务，保险人承担事故性质、原因和损失程度的证明责任。

保险人要求提供的与证明事故的性质、原因、损失程度有关的证明和资料，义务人能够提供而拒不提供的，为违反提供证明和资料的义务。

➤ 引例分析

引例中，被保险人与保险人争议的焦点表面上看是小王所患眼疾是否为"遗传性疾病"，但实际上，双方真正争议的焦点是谁对保险事故的性质和原因承担最终的举证责任。

根据民事诉讼的一般原理，承担举证责任的一方如果无法举证或不能有效举证，则将面临败诉的后果。虽然民事诉讼中一般遵循"谁主张谁举证"的基本原则，但对于某些需要特殊举证能力才能完成的举证，则分配原则不同。

根据《保险法》第二十二条第一款的规定，保险事故发生后，按照保险合同请求保险人赔偿或者给付保险金时，投保人、被保险人或者受益人应当向保险人提供其所能提供的与确认保险事故的性质、原因、损失程度等有关的证明和资料。被保险人只需提供证明事故相关事实的初步证据即可，不需要进行超过能力范围的举证。案例中小王所患眼疾是否为"遗传性疾病"的证明已经超过小王的能力范围，且小王的初步举证责任已经全部完成，若保险人认为小王的眼疾属于责任免除范围的，则需要承担最终的证明责任。

如果鉴于医学水平，无法判断该疾病是否是"遗传性疾病"，则保险人要承担无法举证的后果，即保险人需要向被保险人依合同给付全部的保险金。

> **小结自测**

1. ( ) 是事故发生后，提供证明和资料义务的履行主体。

A.投保人 　 B.被保险人 　 C.受益人

2. 事故发生后，义务人向保险人提供的证明和资料用于证明( )。

A.原因 　 B.性质 　 C.损失程度

3. 事故发生后，义务人应当向保险人提供( )的证明和资料。

A.其所能提供 　 B.全部 　 C.能证明事故相关事实的一切

4. 保险人有权要求义务人补充证明和资料，但最多可以要求补充( )。

A.两次 　 B.一次 　 C.三次

5. 对于事故的原因、性质和损失程度，( )承担最终的举证责任。

A.被保险人 　 B.保险人 　 C.投保人

> **复习题**

1. 事故发生后，如何履行提供证明和资料的义务？

2. 为什么说，保险人对事故的原因、性质和损失程度承担最终的举证责任？

3. 2017年1月，刘某在某人寿保险公司为自己投保了意外伤害保险，保险期为1年，死亡保险金额为20万元，刘某指定自己丈夫肖某为受益人。刘某依约缴付保险费，保险公司出具了保险单。2017年11月13日，刘某在某公园不幸溺水身亡。肖某请求保险公司向其给付20万元保险金。保险公司表示，经调查怀疑刘某系自杀身亡，保险人拒绝承担保险责任，除非肖某能证明刘某之死亡原因为意外。请问本案该如何处理？

小结自测答案

第七节　保险合同的诉讼时效

> **学习目标**

·掌握诉讼时效的概念

·掌握请求保险人赔偿或给付的诉讼时效期间

·掌握诉讼时效的起算时间

·掌握诉讼时效的法律效力

> **引 例**

老王 50 岁时，经保险业务员推荐，给自己投保了生死两全保险。合同约定一次性缴费，被保险人 70 岁前死亡的，保险公司一次性给付 20 万元，并且老王在合同中指定自己的女儿王艾为受益人。老王投保后将保单收了起来，没告诉家里人。

2012 年 9 月的一天，老王突遇车祸死亡，享年 64 岁。由于老王的妻子还健在，家人一直没有清理老王的遗物。一直到 2018 年 2 月，老王的妻子因病去世，女儿王艾在整理二老遗物时，发现了老王当时投保的那张保险单。料理完老人的后事后，王艾赶紧向保险公司请求保险金的给付。保险公司告知已超过了诉讼时效。

一、时效和诉讼时效

时效，是指一定的事实状态，经过法定期间，直接使权利发生、削弱或者消灭的法律制度。时效由三个要素构成：一是一定事实状态的存在；二是该事实状态经过了一定期间；三是产生过一定的法律后果。民法上的时效制度，旨在通过对一定事实状态的期间经过，赋予权利产生、丧失或被削弱的法律效果，督促权利人积极行使权利，稳定已经存在的某种事实关系，以维护社会秩序和交易安全。

诉讼时效是指民事权利受到侵害的权利人在法定的时效期间内如果不行使权利，当时效期间届满时，即丧失了请求人民法院依诉讼程序强制义务人履行义务权利的制度。这是一种消灭时效，属于民法上的强制性范畴，当事人不得任意变更、限制或排除其适用。

根据《民法典》第一百八十八条的规定，向人民法院请求保护民事权利的诉讼时效期间为三年，但法律另有规定的除外。

二、保险法规定的诉讼时效期间

根据《保险法》第二十六条的规定，人寿保险的被保险人或受益人向保险人请求给付保险金的诉讼时效期间为 5 年，自其知道或应当知道保险事故发生之日起计算；人寿保险以外的其他保险的被保险人或受益人，请求保险人赔偿或给付保险金的诉讼时效期间为 2 年，自其知道或应当知道保险事故发生之日起计算。

（一）非寿险保险金赔偿或给付请求权的诉讼时效期间

非寿险，是指财产保险和人寿保险以外的人身保险，具体包括财产保险的各险种、健康保险以及意外伤害保险。就非寿险合同而言，自被保险人或受益人知道或应当知道事故发生之日起，就可以向保险人请求保险金的赔偿或给付，诉讼时效期间是2年。

（二）寿险保险金给付请求权的诉讼时效期间

人寿保险，是人身保险的一部分，包括生存保险、死亡保险和生死两全保险。自被保险人或受益人知道或应当知道事故发生之日起，就可以向保险人请求保险金的给付，诉讼时效期间是5年。

三、诉讼时效的起算

根据《民法典》第一百八十八条的规定，诉讼时效的起算自权利人知道或者应当知道权利受到损害以及义务人之日起计算。因此，诉讼时效的起算，除了权利人知道权利受侵害以及义务人之外，如果权利人应当知道，而因主观过错未知，诉讼时效期间同样开始计算。类似的规定在《保险法》第二十六条中也可以看到，人寿保险和非人寿保险诉讼时效的起算时间都是自被保险人或受益人知道或应当知道保险事故发生之日。被保险人和受益人应当对标的的安全尽适当注意的义务，对于已经发生的保险事故因过错而不知的，诉讼时效期间同样开始计算。

四、诉讼时效的效力

根据《民法典》第一百九十二条的规定，诉讼时效期间届满，义务人可以提出不履行义务的抗辩。

《保险法》对于诉讼时效届满后人寿保险合同或人寿保险以外的合同的请求权未明确其后果，因此将适用《民法典》的规定。

人寿保险合同的被保险人或受益人在知道或应当知道保险事故发生的5年内未向保险人请求保险金的给付的，保险人可以提出不给付的抗辩。

人寿保险以外的其他保险的被保险人或受益人在知道或应当知道保险事故发生的2年内未向保险人请求保险金的赔偿或给付的，保险人可以提出不赔偿或给付的抗辩。

不过，如果保险人同意履行或已经自愿履行赔偿或给付保险金义务的，保险人不得抗辩或请求返还。

五、权利代位中诉讼时效起算时间的规定

根据《司法解释（二）》第十六条的规定，在财产保险中，保险代位求偿权的诉讼时效期间应自其取得代位求偿权之日起算。关于权利代位的相关知识可参见本教材第四章权利代位的相关部分。

➤ **本节内容提要**

诉讼时效是时效的一种，属于消灭时效，指一定的事实状态，经过法定期间，直接使权利消灭的法律制度。

寿险请求保险人给付的诉讼时效期间是 5 年；非寿险请求保险人赔偿或给付的诉讼时效期间是 2 年。

请求保险人赔偿或给付的诉讼时效的起算点是被保险人或受益人知道或应当知道保险事故发生的时候。

诉讼时效届满的法律后果是义务人可以不履行义务的抗辩，即诉讼时效届满保险人可以拒绝履行赔偿或给付义务。

➤ **引例分析**

引例中，王艾与保险公司争议的焦点是申请保险金给付的时间是否已经超过了诉讼时效。

根据《保险法》第二十六条第二款的规定，人寿保险的被保险人或者受益人向保险人请求给付保险金的诉讼时效期间为 5 年，自其知道或者应当知道保险事故发生之日起计算。

表面上看，从老王身故可以请求保险金支付之日开始到王艾向保险公司请求已经超过 5 年，过了可以请求保险金给付的诉讼时效，但其实不然。

我们仔细阅读条文可以发现，诉讼时效的起算时间是从受益人知道或应当知道保险事故发生之日起计算。老王完全没有告知家人其投保的事实，因此王艾在老人过世时并不知道保险合同的存在，自然并不知晓"保险事故"发生了。

可见，王艾直到 2018 年发现保单后才知晓保险事故的发生，诉讼时效应当自 2018 年 2 月开始计算。

► **小结自测**

1. 人寿保险的被保险人或受益人向保险人请求给付保险金的诉讼时效期间为（ ）年。

A.五 B.三 C.二

2. 人寿保险以外的其他保险的被保险人或受益人，向保险人请求给付保险金的诉讼时效期间为（ ）年。

A.五 B.三 C.二

3. 诉讼时效的起算时间是（ ）。

A.保险事故发生之日 B.请求人知道保险事故发生之日 C.请求保险人赔偿之日

► **复习题**

1. 保险合同诉讼时效届满后的法律后果是什么？

2. 如何确定保险合同诉讼时效的起算时间？

3. 张某的车辆在2015年发生了自燃，虽然张某当年向保险公司购买了车损险和附加自燃险，但保险公司认为张某车辆的自燃属于除外责任拒赔，张某表示不服。当时恰遇张某要出国留学，因此打算回国后再与保险公司理论，再加上杂事繁多，一直到2018年年初，张某才再次向保险公司请求保险金的赔偿。保险公司以诉讼时效已过为由拒绝赔偿。请问张某还有可能请求保险金的赔偿么？

小结自测答案

第八节 保险欺诈及其法律后果

► **学习目标**

·掌握谎报事故的构成要件和法律后果

·掌握故意制造事故的构成要件和法律后果

·掌握编造事故原因或夸大损失的构成要件和法律后果

► **引 例**

小王与小张系好友，各有一辆私家车。一日，两人在聊天中说起汽车的保险，小王觉得一年保险都快到期了一次事故都没理赔过，觉得有些不值。小张给小王出主意，说两人故意剐蹭，制造个理赔事故让保险公司赔偿，车子上以前剐花的油漆还能做新。两人一拍即合，择日就在某路口制造了一次追尾事故，并向保险公司报案请求理赔。后经保险公司理赔人员勘查发现异常情况，最终发现这是一起保险欺诈事件。

当保险人与投保人订立了保险合同后，根据保险合同射幸性的特征，保险事故是否发生、在何时何地发生是不确定的，保险人是否进行保险金的赔偿或给付亦是不确定的。而正是基于这样的不确定性，再加上大数法则的运用，保险成为分摊风险的手段，当不确定的个别风险单位遭受损失时被保险人或受益人可以获得足够的补偿。

由于保险费与保险金的数额差距悬殊，投保后投保人、被保险人或受益人可能为了获取保险金而采取某些手段，如制造事故、谎报事故或夸大损失等，将本来不确定的保险金赔偿或给付义务变为获利手段。

基于此，《保险法》第二十七条集中对可能存在的几种以获取保险金为目的的违法行为规定了法律后果。

保险欺诈主观恶意之比较

一、谎报事故骗取保险金

根据《保险法》第二十七条第一款的规定，保险事故未发生，而被保险人或受益人谎称事故发生，并向保险人提出赔偿或给付保险金请求的，保险人有权解除合同，并不退还保险费。

（一）构成要件

（1）事故未发生。保险人承担保险金的赔偿或给付义务的前提是实际发生事故。若事故未实际发生，保险合同约定的赔偿或给付保险金的义务并未达到履行的触发条件，保险人不需要承担保险责任。

（2）被保险人或受益人谎称保险事故发生。被保险人或受益人是保险合同中享有保险金请求权的人，当保险事故发生后，他们可以向保险人要求赔偿或给付保险金。谎称保险事故，指被保险人或受益人明知保险事故并未实际发生，却捏造事故，向保险人请求保险金的赔偿。

（二）法律后果

（1）保险人有权解除合同。被保险人或受益人谎称事故发生的行为严重违反了最大诚信原则，属于保险欺诈。为了保护合同当事人的合法权益，法律赋予保险人合同解除权，保险人可以选择行使该权利以结束与对方的合同关系。

（2）不退还保险费。被保险人或受益人谎称事故发生并请求保险金赔偿或给付的行为是严重的保险欺诈，需要承担惩罚性的后果。《保险法》第二十七条第一款规定，对此类行为的惩罚性后果之一是不退还保险费。实际上，保险欺诈的法律后果不止于此，被保险人或受益人可能还将面临其他法律法规的惩罚。因本书主要限于保险合同法范围进行讨论，主要对合同层面的后果进行梳理，其他法律后果参见《保险法》和《刑法》相关法律法规。

二、故意制造事故

故意制造事故是保险合同履行过程中常见的道德风险。为了防止由此给整个保险制度带来的危害，《保险法》第二十七条对于此类行为的后果进行了明确规定。

（一）构成要件

（1）投保人或被保险人故意实施。因投保人或被保险人是可能通过保险事故的发生获取保险金的赔偿或给付的，所以投保人或被保险人往往是故意制造保险事故的主体。且投保人或被保险人的主观是故意的，即明知事故的发生会让保险人承担赔偿或给付保险金的责任，并希望这样的结果发生。

（2）投保人或被保险人人为制造保险事故。一般情况下，保险合同是否订立对事故发生的概率不产生影响。但若是为了获得保险金的赔偿或给付而故意制造事故，这一事故是本不该发生的，则该行为的恶性较大。

（二）法律后果

（1）保险人有权解除合同。投保人或被保险人故意制造事故的行为，严重违背了诚信，因此法律赋予保险人解除合同的权利，以保障保险人保险业务的顺利开展。

（2）保险人不承担赔偿或给付保险金的责任。根据保险合同射幸性的特点，保险人承担保险责任的前提是保险事故的发生非人为且随机，符合一般事故发生的概率。而投保人或被保险人故意制造的事故不符合随机的特点，是人为制造的，不属于保险人承担保险责任的范围，且一般都在保险合同的责任免除中明确。

（3）不退还保险费。这是对于投保人或被保险人故意制造事故在保险合同层面的惩罚性后果。有一个例外，《保险法》第四十三条明确，在人身保险中，投保人故意制造被保险人死亡、伤残或疾病的，若投保人缴足两年以上保费，保险人应当向其他权利人退还保险单的现金价值。

三、编造事故原因或夸大损失

当保险事故实际发生后，为了获得保险金的赔偿或给付，投保人、被保险人或受益人可能伪造或编造证明资料来证明虚假的事故原因或夸大损失，这是保险欺诈行为之一，对此，《保险法》第二十七条第三款给予了明确规定。

（一）构成要件

（1）保险事故发生。区别于前两种不诚信的行为，虚报损失或事故原因的前提是保险事故确实发生了，但投保人、被保险人或受益人不满足于按实际的事故原因或损失程度得到赔偿。

（2）投保人、被保险人或受益人编造虚假事故原因或夸大损失。保险事故发生后，根据实际的原因和损失程度，保险人可能做出拒绝赔偿或赔偿金额较小的决定。投保人、被保险人或受益人明知客观的原因和损失程度，但为了获取高额的保险金，通过伪造、变造证明、资料或其他证据的方法向保险人编造事故原因或夸大损失程度，行为人的主观状态是故意的。

（二）法律后果

因虚报原因或夸大损失部分非实际情况，保险人对编造事故原因或夸大损失部分不承担赔偿或给付保险金的责任，但在这种情况下法律并未赋予保险人解除保险合同的权利。投保人、被保险人或受益人伪造、变造证明、资料或其他证据以骗取保险金的行为可能触犯其他法律法规，需要承担相应的法律后果。

由于会对正常保险业务的开展产生不利影响，且可能导致恶性事件的发生，保险欺诈是在保险合同履行过程中严格禁止的。《保险法》第二十七条第四款明确规定，只要发现有保险欺诈的情况，保险人都可以要求退还或赔偿已经支付的保险金，以维护正常保险活动的开展。

➤ **本节内容提要**

保险事故未发生，被保险人或受益人谎称事故发生并请求保险金赔偿或给付的，保险人可以解除合同并且不退还保险费。

投保人、被保险人故意制造保险事故的，保险人不承担赔偿或给付保险金的责任，有权解除合同，并且不退还保险金（《保险法》第四十三条规定的除外）。

投保人、被保险人或受益人在保险事故发生后编造事故原因或夸大损失程度的，保险人对虚报部分不承担赔偿或给付保险金的责任。

保险欺诈是严重的不诚信行为，除了保险合同层面的规定，行为人可能面临民事、刑事等法律法规规定的更严重的法律后果。

➤ **引例分析**

小王与小张在本案中涉及保险欺诈。

根据《保险法》第二十七条第二款的规定，投保人、被保险人故意制造保险事故的，保险人有权解除合同，不承担赔偿或者给付保险金的责任；除了该法第四十三条规定的外，不退还保险费。小王和小张的行为属于人为故意制造事故，保险人不但不应承担赔偿责任，而且可以解除合同并且不退还两人已经缴付的保险费。而且，如果涉案数额巨大，两人可能还要承担更严重的刑事责任。

➤ **小结自测**

1.谎称发生保险事故的构成要件包括（　　）。

A.保险事故未发生　　B.被保险人或受益人谎称发生保险事故

C.保险人明知事故未发生

2.谎称发生保险事故并向保险人请求保险金的赔偿或给付的（　　）。

A.保险人有权解除合同　　B.保险人可以不退还保险费　　C.保险人退还保险费

3.故意制造事故的构成要件包括（　　）。

A.事故的发生具有不确定性　　B.投保人或被保险人主观故意

C.投保人或被保险人人为制造事故

4.投保人或被保险人故意制造事故的法律后果为（　　）。

A.保险人有权解除合同　　B.保险人不承担赔偿或给付保险金的责任

C.保险人不退还保险费

5.投保人故意造成被保险人死亡、伤残或疾病的，投保人已缴足两年以上保险费的，（　　）。

A.保险人不承担给付保险金的责任　　B.保险人不退还保险费及现金价值

C.保险人向其他权利人退还保单的现金价值

6.编造事故原因或夸大损失程度的构成要件包括（　　）。

A.保险事故实际发生　　B.隐瞒或编造保险事故的原因　　C.夸大损失程度

7.编造事故原因或夸大损失程度的法律后果包括（　　）

A.保险人有权解除保险合同　　B.保险人对编造事故原因部分不承担保险责任

C.保险人对夸大损失部分不承担保险责任

► **复习题**

1.简述谎称发生保险事故后向保险人请求保险金赔偿或给付的要件和法律后果。

2.简述故意制造事故后向保险人请求保险金赔偿或给付的要件和法律后果。

3.简述向保险公司编造事故原因或夸大损失程度的要件和法律后果。

4.2008年，老徐在某保险公司为自己投保了定期寿险，约定若70岁前身故，保险人向受益人给付30万元的保险金，保险合同约定的受益人是老徐的儿子徐星。徐星一直自己做生意，2017年一笔生意亏损严重，资金周转困难，遂于2017年年底托人伪造了老徐的死亡证明等一系列资料向保险公司请求保险金给付。保险公司在核赔过程中发现了伪造证明等情况。请问，该案从保险合同的角度会产生怎样的法律后果？

小结自测答案

第九节　再保险合同

► **学习目标**

·掌握再保险的概念

·掌握再保险与原保险的依从性

·掌握再保险与原保险的独立性

► **引　例**

某大型企业向A保险公司投保了企业财产保险，总保额数十亿元。承保后，A保险公司向B保险公司寻求分保并签订了再保险合同。在保险期间内，该企业发生工业事故，造成上亿元财产损失，遂请求A保险公司赔偿，A保险公司通知B保险公司，要求其承担再保险责任。但是，B保险公司认为再保险合同中条款界定不明，拒绝承担再保险责任，A保险公司遂起诉B保险公司。该企业在事故后多次向A保险公司请求全额保险金的赔偿，但A保险公司却以与B保险公司的再保险合同纠纷尚在进行中为由拖延赔偿。

一、再保险的概念

所谓再保险，是指保险人将其承担的直接保险责任以分保形式转移给其他保险人的行为。原保险人，又称分出人，是指将其承担的直接保险责任转移出去的保险公司。再保险人，又称接受人，是指接受其他保险公司转移过来的直接保险责任的保险公司。《保险法》第二十八条第一款对再保险有明确定义：保险人将其承担的保险业务，以分保形式部分转移给其他保险人的，为再保险。

在保险实务中，如果原保险人承保的直接金额较大，保险责任过重或危险过于集中，或者属于法律规定必须分保的情形，原保险人就得与再保险人订立再保险合同，向再保险人缴付再保险费。保险事故发生后，原保险人可以请求再保险人共同赔偿，以减轻其所承担的原保险赔付责任。

二、再保险合同的从属性

原保险合同是再保险合同的前提，再保险合同依存于原保险合同。再保险合同为原保险合同提供了所承保危险的分散。更何况，再保险合同与原保险合同所承担的风险是一致的，因此，再保险合同在订立和履行过程中与原保险合同关系紧密。

再保险人在接受业务前需要对分入业务的风险进行仔细考察，以确保将承担的风险在自己能够承担的范围之内。为了保障再保险人的权利，原保险人有义务向再保险人提供相关信息。《保险法》第二十八条第二款规定，再保险人可以要求原保险人将所分出的保险责任的有关情况告知再保险人。

再保险与原保险的依存性与独立性

三、再保险合同的独立性

虽然再保险合同是在原保险合同的基础上产生的，但原保险合同与再保险合同无必然联系。实际上，再保险在实务中是一种独立的保险业务，再保险合同与原保险合同在法律上也是各自独立的，并无主从合同的关系。

（一）主体的独立性

原保险合同的当事人双方是投保人和保险人。再保险合同的当事人双方是分出业务的保险人和接受业务的保险人，双方的主体资格均须为保险公司。

（二）标的的独立性

原保险合同的标的是财产、人的身体和生命、责任等，而再保险的标的是原保险人依原保险合同所承担的赔偿或给付保险金的责任。只有当原保险人在事故发生后需要承担赔偿或给付保险金的责任时，再保险人方才依据再保险合同承担再保险责任。

（三）权利义务的独立性

再保险合同当事人的权利义务与原保险合同当事人的权利义务相互独立，互不牵连。再保险人与原保险合同的投保人、被保险人或受益人并非同一合同关系的当事人，彼此不存在任何直接的权利义务关系。

根据我国《保险法》第二十九条的规定，原保险合同与再保险合同当事人之间的权利义务关系相互独立。

（1）保费请求权各自独立。再保险人只得向再保险合同的投保人（即原保险人）请求保险费的支付；原保险人不得基于原保险合同投保人不缴付保险费而进行抗辩，拒绝履行自己的再保险合同保险费的缴付义务。

（2）保险金的请求权各自独立。原保险合同的被保险人或受益人只能依合同向原保险人请求保险金的支付；原保险合同的被保险人或受益人不得直接向再保险人请求赔偿或给付保险金。须在原保险人向被保险人或受益人赔偿或给付保险金后，再保险人才可基于再保险合同向原保险人赔偿保险金。

（3）保险责任的独立。原保险人不得以再保险人不履行给付保险金的义务为抗辩，拒绝履行或迟延履行其对被保险人或受益人的赔偿或给付保险金的义务。

➤ **本节内容提要**

再保险，是指保险人将其承担的直接保险责任以分保的形式转移给其他保险人的行为。分出业务的保险人是原保险人，接受义务的保险人是再保险人。

再保险合同与原保险合同相互依从，原保险合同是再保险合同的前提，再保险合同是原保险合同的进一步保障。

原保险合同和再保险合同在权利义务上相互独立，在保险费缴付、保险金的请求权、保险责任的承担等方面各自依合同明确权利和义务，两类合同间的权利义务关系不牵连。

➤ **引例分析**

根据前述知识的学习，本案中企业的烦恼迎刃而解。

根据《保险法》第二十九条的规定，再保险分出人不得以再保险接受人未履行再保险责任为由，拒绝履行或者迟延履行其原保险责任。

企业与A保险公司之间原保险合同的履行不受A保险公司与B保险公司再保险合同的影响，A保险公司应当根据原保险合同，依约履行保险责任，而不得以再保险接受人未履行再保险责任为由拒绝履行。

➤ **小结自测**

将其承担的直接保险责任转移出去的保险公司称为（　　）。

A.再保险人　　B.原保险人　　C.分出人

2.接受其他保险公司直接保险责任的保险公司称为（　　）。

A.接受人　　B.再保险人　　C.原保险人

3.应再保险接受人的要求，再保险分出人（　　）将其自负责任及原保险的有关情况书面告知再保险接受人。

A.不得　　B.应当　　C.可以

4.再保险接受人（　　）向原保险的投保人要求支付保险费。

A.不得　　B.可以　　C.必须

5.原保险的被保险人或者受益人（　　）向再保险接受人提出赔偿或者给付保险金的请求。

A.不得　　B.可以　　C.必须

6.再保险分出人（　　）以再保险接受人未履行再保险责任为由，拒绝履行或者迟延履行其原保险责任

A.不得　　B.可以　　C.必须

➤ **复习题**

1.简述再保险合同的作用。

2.如何理解再保险合同的从属性与独立性？

小结自测答案

第十节　保险合同条款的解释原则

> ### 学习目标

　　·掌握一般合同条款的解释原则

　　·掌握保险合同条款的解释原则

　　·掌握不同形式保险合同内容的效力次序

> ### 引　例

　　华强为其私家车向某财产保险公司投保。2016 年 4 月 25 日，华强在保险公司为该车办理了车损险、第三方责任险。其中，车损险保险金额为人民币 15 万元，保险期限为 1 年，完成手续后，保单在次日零时生效。当时，双方均未注意到在投保单背面印就的机动车保险条款中规定："由于火灾造成保险车辆的损失，由保险人负责赔偿，自然（自燃笔误为自然）、明火烘烤造成的损失，保险人不负责赔偿。"

　　2016 年 10 月 18 日上午，该保险车辆在行驶途中，突然起火，虽经奋力扑救，该车仍整车烧毁。后经公安机关消防部门鉴定，该车起火系汽车化油器漏油遇电火花引起。华某遂向保险公司要求赔偿车损险人民币 15 万元。保险公司却以该车着火属自燃，不属于保险责任范围为由拒绝赔偿。华强认为，合同中免责条款并未明确"自燃"为责任免除，保险公司不能免责。

　　保险合同的订立一般采用保险人事先制订的格式合同文本，投保人一方由于其专业能力的限制，对保险格式合同条款的理解及与保险人进行磋商存在困难。因此，在本章我们论述了保险人的说明义务，要求保险人就保险合同格式条款向投保人进行说明以便投保人理解并确认是否为正确的意思表示。

　　除了保险人的说明义务以外，在保险合同履行过程中，若双方对于保险合同条款存在疑义或不同解释而产生纠纷，我国法律基于格式合同的原理给保险人更多的限制。

一、保险格式合同的解释原则

　　根据《保险法》第三十条的规定，对于保险合同格式条款有两种以上解释的，先按照通常理解予以解释，当通常理解无法形成一致解释时，采用有利于被保险人或受益人的解释。

（一）通常理解

当保险人与投保人、被保险人或受益人对保险格式合同条款的理解产生争议时，并不直接使用不利解释原则，需要先进行通常理解。这里的通常理解是指一般合同的解释原则，包括文义解释原则、目的解释原则、专业解释原则和诚实信用解释原则。

只有穷尽上述的全部合同解释原则后对格式合同条款的解释依然无法确定的，方可对有两种以上解释的条款采用不利解释原则。

（二）保险合同的不利解释原则

根据《保险法》第三十条的规定，当对保险合同格式条款有两种以上解释时，如果按照通常理解亦不能解决，应当作出有利于被保险人或受益人的解释。

不利解释原则可以平衡保险人与被保险人或受益人之间的利益。若是由于保险人在制订保险合同条款的过程中不严谨而存在疑义的，保险人应承担由此产生的不利后果。

此外，根据《司法解释（二）》第十七条的规定，把保险合同格式条款又分为保险专业术语和非保险专业术语。

不利解释原则之滥用及规制

对于保险专业术语，依保险行业或学术界对于某些术语形成的长期一致的理解进行，例如投保人、被保险人、最大诚信、近因原则等。若当事人之间对保险专业术语产生疑义，则以专业解释为基本原则，除非某些专业术语本身存在争议，则适用有利于投保人、被保险人或受益人的解释。

对于非保险专业术语，分三种情况。

（1）若保险人在格式条款中已经给出了明确且符合专业意义的解释，则适用该解释。

（2）若保险人对非保险专业术语的解释不符合专业意义，但有利于投保人、被保险人或受益人的，则适用该解释。

（3）若保险人对非保险专业术语的解释不符合专业意义，而符合专业意义的解释更有利于投保人、被保险人或受益人的，适用符合专业意义的解释。

二、不同形式保险合同内容的效力次序

当采用不同形式的保险合同对某些条款的约定存在冲突时，需要明确适用的先后次序。《司法解释（二）》第十四条对于不同形式的保险合同之间的冲突明确了解决方式。

（一）以投保单为准

投保单与保险单内容不一致的，以投保单为准。

（二）以签收的保险单或其他凭证为准

若投保单、保险单或其他保险凭证内容不一致，保险人向投保人说明并取得投保人同意的，以投保人签收的保险单或其他保险凭证载明的内容为准。

（三）以非格式条款为准

非格式合同条款与格式条款约定不一致的，以非格式合同条款为准。

（四）以时间在后的为准

记载时间不一的保险凭证，以时间上形成在后的保险凭证为准。

（五）以手写为准

保险凭证手写和打印内容不一致的，以双方签字盖章确认的手写部分的内容为准。

➤ **本节内容提要**

一般合同条款的解释原则包括文义解释原则、目的解释原则、专业解释原则和诚实信用解释原则，对于格式合同条款存在不利解释原则。

保险格式合同条款存在疑义的，先进行通常理解，通常理解不能解决的两种以上解释，采用有利于被保险人或受益人的解释。

不同形式的保险合同内容存在冲突的，有先后效力次序。

➤ **引例分析**

在本案中，"自燃"被写成了"自然"属于保险合同中的打印错误。对于合同中出现

的打印错误，应当看该错误是否影响了一般人对于合同条款的理解。如果结合上下文，具有常识的一般人可以明显发现打印错误，则应当按照打印错误的原意进行认定。

在本案中，原话为"自然、明火烘烤造成的损失"，略有常识的人都可以理解"自然"为"自燃"，否则语句不通，也与常识不符。所以此处的打印错误并不构成理解的障碍，应当认定"自然"为"自燃"。

在解释本案中的保险合同条款时，是否应当适用不利解释原则呢？根据《保险法》第三十条的规定，采用保险人提供的格式条款订立的保险合同，保险人与投保人、被保险人或者受益人对合同条款有争议的，应当按照通常理解予以解释。对合同条款有两种以上解释的，人民法院或者仲裁机构应当作出有利于被保险人和受益人的解释。

可见，适用不利解释原则的前提是穷尽了通常理解的手段。根据前述分析，本案中"自然"明显为印刷错误，应当作"自燃"解释，因此本案不适用不利解释原则。不过，保险人是否可以据此免责，还要考虑合同订立过程中说明问题的履行情况，可参见说明义务的章节进行分析。

► **小结自测**

1. 采用保险人提供的格式条款订立保险合同，保险人与投保人、被保险人或者受益人对合同条款有争议的，应当按照（　　）予以解释。

A.保险人的理解　　B.通常理解　　C.投保人的理解

2. 当对保险合同格式条款有两种以上解释时，按照通常理解不能解决的，应当做出有有利于（　　）的解释。

A.投保人　　B.被保险人　　C 受益人

3. 以下那些非保险术语的解释人民法院予以认可？（　　）

A.符合专业意义的解释

B.虽不符合专业意义但有利于投保人、被保险人或受益人的。

C.不符合专业意义，但专业意义的解释更有利于投保人、被保险或受益人。

4. 投保单与保险单内容不一致的，以（　　）为准。

A.保险单　　B.投保单　　C.投保人同意签收的保险单

5. 非格式条款与格式条款不一致的，以（　　）为准。

A.格式条款　　B.非格式条款　　C 内容详尽的

6. 保险凭证记载的时间不同的，以（　　）为准。

A.形成时间在后的　　B.形成时间在先的　　C.保险单

7.保险凭证存在手写和打印两种方式的，以（　　）为准。

A.打印的　　B.手写的　　C.双方签字、盖章的手写部分的内容

➤ **复习题**

1.保险合同适用不利解释原则有怎样的限制？

2.不同形式保险合同内容的效力次序如何确定？

3.2016年7月，某市政工程公司向某保险公司投保公众责任险。保险合同中约定，保险责任为被保险人在公共场所施工时，因发生意外事故而造成他人人身伤亡或财产损失，依法应由被保险人承担经济赔偿责任，而被保险人及其代表的故意行为或重大过失行为则被列为免责事由。每次事故赔偿限额为20万元，保险期限为1年。

2017年5月8日傍晚，该公司的一名专业工人在维修市内一道路边下水井时，因有急事离开片刻却未将井盖盖上，也忘记在井边设置明显标志。不久，一名骑车人经过该路段时不慎跌入井中受重伤致死。经过诉讼审理，法院判决市政工程公司向受害人的亲属支付医疗费、抚恤金、精神赔偿费等共计28万余元。

市政工程公司随后向保险公司索赔，双方在解释"重大过失"一词时发生争议。保险公司以市政工程公司施工人员有重大过失为由拒赔，但市政工程公司认为其施工人员无重大过失，更没有故意，保险公司应予赔付。问该案中，"重大过失"应当如何解释，保险公司是否需要承担赔偿责任？

小结自测答案

第三章
人身保险合同的规定

> **本章导读**

虽然同属于保险合同，有一些共同的规定和准则，但是基于业务性质的不同，人身保险合同与财产保险合同的履行亦有诸多不同，《保险法》的合同部分也将对于人身保险合同与财产保险合同的规定分为两节。本章将着重梳理并逐一分析人身保险合同的相关规定，理解立法背景，掌握处理人身保险合同特殊问题的流程和方法。

第一节　人身保险的保险利益

> **学习目标**

- ·掌握人身保险保险利益的判断时点
- ·掌握人身保险保险利益的判断标准
- ·掌握人身保险投保时不具有保险利益的后果

> **引　例**

小王与小刘系恋人关系。2018 年 6 月，小刘提出与小王分手。小王在 2018 年年初瞒着小刘为其投保了一份养老保险，小刘的签名是小王代签的。小刘希望继续保持该份保险合同效力，可能吗？

根据《保险法》第十二条第六款的规定，保险利益是指投保人或者被保险人对保险标的具有的法律上承认的利益。保险利益所体现的是人与保险标的之间的一种经济利害关系，即损益关系，判断这种经济利害关系的基本标准在于保险标的的损失能否使投保人的经济利益受到损害。在保险合同中要求存在保险利益的根本目的是防止道德风险的发生，从而更好地实现保险分散风险和消化损失的功能，即对保险标的有保险利益的人才具有投保或向保险人请求保险金的资格。

由于人身保险与财产保险的业务性质不同，人身保险保险利益与财产保险保险利益的法律规定也有较大的区别。本节主要介绍人身保险的保险利益问题，财产保险的保险利益问题将在本书第四章详细阐述。

一、人身保险保险利益的判断时点

人身保险的保险标的是被保险人的身体、生命和健康。只有当投保人与被保险人之间存在一定的保险利益关系，才能最大限度地减少因巨额保险金的诱惑而引发的道德风险，被保险人的人身安全才不会因为保险合同的存在而受到威胁。

人身保险合同保险利益的判断时点是在保险合同订立的时候。《保险法》第十二条第一款规定，人身保险的投保人在保险合同订立时，对被保险人应当具有保险利益。

投保人对被保险人在保险合同订立时所具有的保险利益成为确认合同效力的基础，合同成立后保险人不再重新判断确认保险利益。

二、人身保险保险利益的标准

人身保险保险利益的认定标准

在保险合同订立时，保险人需要确认投保人对被保险人是否具有保险利益，判断标准的主要来源是《保险法》第三十一条的规定。

（1）本人。投保人若以本人作为被保险人投保人身保险，则投保人与被保险人的关系为本人。本人的身体、生命和健康，对本人的保险利益的存在是显而易见的。

（2）配偶、子女、父母。这些身份关系所代表的分别是与自然人关系最密切的姻亲和直系血亲。当投保人以这些人为被保险人订立保险合同时，投保人对他们具有保险利益。

（3）与投保人有抚养、赡养或扶养关系的家庭其他成员、近亲属。判断人身保险保险利益的主要标准是投保人与被保险人之间的人际关系。当投保人与被保险人之间有相互抚养、赡养或扶养关系的，人际关系紧密，符合保险利益的判断标准，具备保险利益。

（4）与投保人有劳动关系的劳动者。劳动关系虽然没有前述的关系紧密，但是雇主对于雇员因工作所产生的价值是有期待的，劳动者若因遭受意外、疾病等事故无法工作，雇主亦将承担不利后果。通过保险手段保证雇员的财务稳定，雇主将获得更多的劳动回报。同时，明确了雇主与雇员之间的保险利益，也便于单位的团体保险业务的开展。

（5）被保险人同意投保人为其订立合同的，视为投保人对被保险人具有保险利益。《保险法》第三十一条第一款在列举了一些存在保险利益的典型关系后，第二款为兜底条款，即只要被保险人同意投保人为其订立保险合同，投保人就对被保险人具有保险利益。对于无法穷尽的人际关系来说，这一标准非常重要，能够快速有效地判断投保人对被保险人是否具有保险利益。

三、人身保险投保时不具有保险利益的后果

因人身保险的保险标的为人的身体、生命和健康，一旦发生道德风险，则易引发恶性事件。因此，对于人身保险在投保时不具有保险利益的后果有严格的规定。

根据《保险法》第三十一条第三款的规定，投保时不具有保险利益的，所订立的人身保险合同无效。可见，只要在人身保险合同订立时投保人对被保险人不具有保险利益，任何时候发现，该保险合同都是无效合同。

因人身保险合同订立时是否具备保险利益关系到合同效力，《司法解释（三）》第三条要求人民法院在审理人身保险合同纠纷案件时，主动审查投保人订立保险合同时是否具有保险利益，以及以死亡为给付保险金条件的合同是否经过被保险人同意并认可保险金额。人民法院可以在确认人身保险合同效力的前提下，展开法庭审理工作。

《司法解释（三）》第三条之所以还要求主动审查以死亡为给付保险金条件的合同是否经过被保险人同意并认可保险金额，同样是因为其可能导致人身保险合同的无效。

► **本节内容提要**

人身保险合同要求在合同订立时投保人对被保险人具有保险利益。

投保人对被保险人是否具有保险利益的判断标准主要规定在《保险法》第三十一条中。

合同订立时，如果投保人对被保险人不具有保险利益，该合同无效。

► **引例分析**

根据《保险法》第十二条以及第三十一条的规定，人身保险合同保险利益的判断时点是在保险合同订立的时候，在该时点要确认投保人对被保险人是否具有保险利益，如果不具有保险利益，则保险合同无效。

小王为小刘投保时虽系恋爱关系，但不符合《保险法》第三十一条人身保险保险利益判断的基本标准，且未经过被保险人小刘的同意，因此该人身保险合同属于无效合同。合同一旦确认无效，则无法产生效力，因此，小王为小刘投保的该人身保险合同无法维持效力。

► **小结自测**

1. 人身保险利益判断的时点是（　　）。

A. 保险合同订立时　　B. 保险事故发生时　　C 保险合同期间

2. 投保人对（　　）具有保险利益。

A. 配偶、子女、父母

B. 与投保人有抚养、赡养或者扶养关系的家庭其他成员、近亲属

C. 与投保人有劳动关系的劳动者

D. 本人

3. （　　）视为投保人对被保险人具有保险利益。

A. 投保人同意为被保险人订立合同的　　　B. 被保险人同意投保人为其订立合同的

C. 受益人同意投保人为被保险人订立合同的

4. 订立合同时，投保人对被保险人不具有保险利益的，（　　）。

A. 合同无效　　B. 合同终止　　C. 合同解除

5. 人民法院在审理人身保险合同纠纷案件时，主动审查（　　）。

A. 投保人是否及时缴付保险费　　B. 保险人是否承担保险责任

C. 投保人订立保险合同时是否具有保险利益。

► **复习题**

1. 人身保险合同保险利益的判断标准有哪些？

2. 人身保险合同的哪个阶段需要有保险利益？如果不具有保险利益会产生怎样的后果？

3. 刘某于 2015 年 12 月为其妻王某投保了一份养老保险，并经妻子王某同意将受益人确定为刘某自己。2018 年 2 月，刘某与王某离婚。离婚半年后，王某再婚，而刘

某仍然按期缴纳其为王某购买的养老保险的保险费用，王某亦未表示反对。请问该保险合同中保险利益如何判断？保险合同的效力如何？

小结自测答案

第二节　年龄误告条款

> **学习目标**

·掌握年龄误告条款

> **引　例**

2017 年 4 月 1 日，邹先生为其女投保人寿保险，保险金额 30 万元。保险合同规定被保险人的最低年龄为 16 周岁。邹先生女儿 2001 年 11 月出生，投保时尚不满 16 周岁。为了投保，邹先生将女儿的生日填写为 2001 年 3 月，这样就满足了保险合同的要求。2018 年 7 月，保险公司在保单核查中发现邹先生女儿不符合投保年龄要求，作出解除合同的决定。邹先生认为女儿年龄目前已经符合了承保要求，请求保险人维持合同的效力。

人身保险合同订立时，被保险人的年龄是保险人确定是否承保或以怎样的条件承保的重要影响因素，因为不同年龄的被保险人所面临的人身风险状况不同。

若人身保险合同订立时，被保险人的年龄弄错了，则保险人必然会做出错误的风险判断决策，不利于保险业务的有序开展。

针对上述情况，《保险法》第三十二条对年龄误告的不同情形明确了法律后果。

（1）被保险人年龄不真实，且其真实年龄不符合合同约定的年龄限制，保险人可以解除合同并退还保险单现金价值。人身保险合同一般都有投保年龄限制，超过限制年龄的不得投保该保险。若订立合同时误告年龄，保险人通过承保的，一旦发现此类年龄误告情形，保险合同即刻可以解除。

不过，本条中保险人的合同解释权利受到限制。《保险法》第三十二条规定，保险人的合同解除权要遵守本法第十六条第三款和第六款的规定。其中，第三款是不可抗辩条款，即因年龄误告引发的保险人解除合同权利有存续期限，即必须在知道年龄误告之日 30 日内行使，或合同成立后 2 年内行使。

（2）因投保人申报年龄不真实，导致少缴保险费。

对于不同年龄的被保险人，保险人所承担的风险也不同，若投保人申报年龄不真实，导致比实际年龄少缴保险费，可以采用两种方法来解决：一是补缴保险费；二是在给付保险金时按照应付保险费与实付保险费的比例进行。

（3）因投保人申报年龄不真实，导致多缴保险费。

这一情形处理最方便，保险人将多收的保险费退还给投保人即可。

► **本节内容提要**

如果投保人年龄误告而实际年龄超过承保范围，保险人可以解除合同并退还保险单现金价值。

如果投保人年龄误告导致少缴保险费，保险人可要求补缴保险费或在保险金给付时按比例给付。

如果投保人年龄误告导致多缴保险费，保险人应当退还多收的保险费。

► **引例分析**

本案涉及的法律问题是被保险人年龄误告的处理。被保险人的年龄是据以确定人身保险合同费率的主要依据，年龄告知不真实会让保险人做出错误的风险判断，因此，投保人将面临相应的法律后果。根据《保险法》第三十二条第一款的规定，如果投保人申报的被保险人年龄不真实，并且其真实年龄不符合合同约定的年龄限制，保险人可以解除合同，并按照合同约定退还保险单的现金价值。

邹先生的女儿在投保时年龄未到投保年龄，属于上述法律条文规制的范围，因此保险人可以解除合同。虽然邹先生女儿目前已经符合投保年龄要求，但保险人有权要求重新订立保险合同，对于之前年龄告知不真实的保险合同，保险公司依然有权要求解除。

► **小结自测**

1.被保险人年龄不真实，且真实年龄不符合合同约定的年龄限制，（   ）。

A.保险人可以解除合同并退还保单现金价值　　B.保险合同无效

C.合同自年龄达到要求时开始生效

2.投保人申报年龄不真实，导致少缴保险费的，（   ）。

A.补缴保险费　　B.保险合同解除

C.给付保险金时按照应付保险费与实付保险费的比例进行。

3.因投保人申报年龄不真实，导致多缴保险费的，（　　）。

A.保险人退还多收的保险费　　B.提高保险金额　　C.保险合同解除

➤　**复习题**

年龄误告有哪几种情况？分别会产生怎样的法律后果？

小结自测答案

第三节　无民事行为能力人的投保限制

➤　**学习目标**

·掌握无民事行为能力人的概念

·掌握无民事行为能力人的特殊投保要求

·掌握父母对子女投保的特例

➤　**引　例**

村民李某一直未婚。村里有一小孩名叫王东，聪明伶俐。王东自小父亲逝世，与母亲相依为命。李某觉得王东跟他非常投缘，于是就认王东为他的干儿子，平日对王东照顾有加，并一直有收养王东的想法。2013年5月，李某凭一份伪造的收养证明，到保险公司为王东投保了人身意外伤害保险，保险期限为10年，保险金额为10万元，当年王东7岁。2014年7月，王东母亲病逝，王东年仅8岁，生活失去依靠，于是2014年9月，李某经过申请并到县民政局办理了收养手续，将王东接到家中，两人共同生活。王东活泼好动，2015年3月，王东与玩伴追打嬉戏时，不小心被村口公路驶过的汽车撞伤，住院治疗，花费医疗费9万多元。李某遂通知保险公司，要求其支付保险金。保险公司经调查后发现，投保时李某开具的为虚假收养证明，认为保险合同无效，决定拒付保险金。李某认为，虽然投保时收养关系尚未成立，但保险的期限为10年，并且其已经于2014年9月正式办理了收养手续，保险合同应为有效，保险公司应支付保险金。

人身保险投保时，除了《保险法》第十二条和第三十一条对于保险利益的相关法律规定外，对于无民事行为能力人还有一些特殊的法律规定。

根据《保险法》第三十三条第一款的规定，投保人不得为

无民事行为能力人的投保限制

无民事行为能力人投保以死亡为给付保险金条件的人身保险，保险人也不得承保。

民事行为能力是民法上的重要概念，是指民事主体以自己独立的行为去取得民事权利、承担民事义务的资格。根据《民法典》的规定，民事行为能力分为完全民事行为能力、限制民事行为能力和无民事行为能力3类。

完全民事行为能力人是指年满18周岁的成年人以及以自己劳动收入为主要生活来源的16周岁以上的未成年人。

限制民事行为能力人是指8周岁以上的未成年人以及不能完全辨认自己行为的成年人。

无民事行为能力人是指未满8周岁的未成年人以及不能辨认自己行为的成年人。

因无民事行为能力人不能辨认自己的行为，其合法权益易在商业活动中受损。若以无民事行为能力人为被保险人订立保险合同，尤其是以死亡为给付保险金条件的保险合同，可能将该被保险人陷入危险的境地。因此，出于保护无民事行为能力人合法权益的目的，《保险法》禁止为其投保以死亡为给付保险金条件的保险合同。

不过，根据《保险法》第三十三条第二款的规定，有一类投保人除外，即在保险金额符合规定限额的前提下，父母可以为未成年子女投保以死亡为给付保险金条件的人身保险合同，其原因在于父母不会因利益的驱使而陷自己的子女于危险的境地。不过，即使考虑到亲情，对被保险人死亡事故发生后保险人的最高给付金额依然作出了限定，以防止最坏的情况发生。

此外，根据《司法解释（三）》第六条的规定，只要父母同意，非父母对未成年人是可以直接投保的。当然，死亡事故发生后保险人给付的最高保险金数额依然不能超过国务院保险监督管理机构规定的限额。

► **本节内容提要**

民法上将民事行为能力分为完全民事行为能力、限制民事行为能力和无民事行为能力3类。

对于无民事行为能力人，投保人不得为其投保以死亡为给付保险金条件的人身保险，父母为子女投保的除外。

父母为子女投保以死亡为给付保险金条件的保险有保额的限制。

► **引例分析**

根据《保险法》第十二条、第三十一条的相关规定，投保人应当在保险合同订立时对被保险人具有保险利益，否则保险合同无效。此外，由于投保时王东属于未成年人，根据《保险法》第三十三条的规定，只有父母才能为未成年子女进行投保。

在本案中，2013年5月，李某为了给王东投保人身意外伤害保险，伪造了收养王东的证明，当时李某与王东之间的保险利益不存在。根据上述法律规定，李某为王东投保的人身意外伤害保险合同无效。虽然事后李某补办了收养手续，但于事无补。因此，保险公司可以拒绝给付相应的保险金。

► **小结自测**

1.民事行为能力分为（　　）。

A.完全民事行为能力　　B.限制民事行为能力　　C.无民事行为能力

2.年满（　　）的成年人为完全民事行为能力人。

A.十八周岁　　B.十六周岁　　C.十周岁

3.限制民事行为能力人是指（　　）以上的未成年人以及不能完全辨认自己行为的成年人。

A.十六周岁　　B.八周岁　　C.十周岁

4.未满（　　）的未成年人属于无民事行为能力人。

A.十周岁　　B.八周岁　　C.十六周岁

5.除（　　）以外，投保人不得为无民事行为能力人投保以死亡为给付保险金条件的人身保险。

A.监护人　　B.父母　　C.近亲属

6.不是以死亡为给付保险金条件的人身保险，（　　）可以为无民事行为能力人投保。

A.任何人　　B.与被保险人有保险利益的投保人　　C.只有父母

► **复习题**

1.什么是民事行为能力，是如何划分的？

2.对无民事行为能力人的投保有哪些法律限制？

3.张安与肖梅婚后育有一女，2018年上半年，两人因感情不和离婚，离婚后，5岁女儿由肖梅抚养。张安希望为女儿的将来提供保障，因此希望给女儿购买包含死亡保险在内的综合人身保险。请问，张安为女儿的投保存在哪些限制？

小结自测答案

第四节　死亡保险的被保险人同意权

> **学习目标**
> · 掌握死亡保险合同被保险人的同意权
> · 掌握被保险人同意权的履行方式
> · 掌握被保险人同意权可撤销的相关规定

> **引　例**

　　张华与钱敏为夫妻，2017 年，张华为钱敏投保了人身保险，其中死亡保额 30 万元，保单被保险人的签名是张华代签的。2018 年 6 月，两人离婚，2019 年 2 月，钱敏遇车祸身亡，张华持保单请求保险公司给付死亡保险金。

一、死亡保险被保险人同意权的基本规定

　　人身保险是以人的身体、生命和健康为保险标的的保险。其中死亡保险，即以死亡为给付保险金条件的人身保险，是比较特殊的人身保险，一旦有道德风险的隐患，被保险人的人身安全就将置于危险之中。因此，除了要求确认保险利益外，还需要被保险人的同意方可订立死亡保险合同。

　　《保险法》第三十四条明确规定，以死亡为给付保险金条件的合同，未经被保险人同意并认可保险金额的，合同无效；未经被保险人书面同意，保险单不得转让或质押。

死亡保险被保险人的同意权

二、被保险人同意权的行使资格

（一）无民事行为能力人

　　根据《保险法》第三十三条的规定，投保人不得为无民事行为能力人订立以死亡为给付保险金条件的合同，除非父母为未成年子女投保。结合《保险法》第三十四条第三款的规定，无民事行为能力人无须行使死亡保险合同被保险人的同意权。

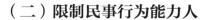

（二）限制民事行为能力人

除父母以外的他人为限制民事行为能力人投保死亡保险的，该保险合同必须经过被保险人的同意方有效。

其中，父母为限制民事行为能力人中的未成年人投保死亡保险的，被保险人不需要行使同意权。

（三）完全民事行为能力人

任何他人为完全民事行为能力人订立死亡保险合同的，被保险人必须同意并认可保险金额方能使保险合同有效。

三、死亡保险被保险人同意权的行使

（一）被保险人合同订立的同意权的行使

根据《保险法》第三十四条，被保险人有同意或者不同意他人为其订立死亡保险合同的权利，但没有明确被保险人行使同意权的方式和情形。

为了进一步明确被保险人死亡保险合同订立同意权的行使方式，《司法解释（三）》第一条进行了补充。根据该条文，可以将被保险人行使同意权确认死亡保险合同有效的情形列举如下。

（1）被保险人在订立合同前后以书面、口头或其他形式明确表示同意的。这是被保险人主动履行死亡保险合同订立同意权，是最直接的方式。

（2）被保险人明知他人代其签名同意而未表示异议的。此处，被保险人的默认视作对他人代签名行为的追认。

（3）被保险人同意投保人指定的受益人的。受益人指定的前提是该保险合同的有效，被保险人如果同意受益人的指定，则视同已经同意投保人为其订立的死亡保险合同。

（4）有证据可以认定被保险人同意投保人为其投保的其他情形。此为兜底条款，当无法穷尽所有被保险人同意的情形时，只要有足够的证据证明即可。

除此以外，《司法解释（三）》第二条还赋予被保险人撤销同意意思表示的权利，并可以因此解除保险合同。笔者以为这是对被保险权益保护的有力补充。被保险人有权根据情形的变化，选择是否继续死亡保险合同。

（二）保险单转让或质押的同意权

按照死亡保险合同签发的保险单的转让或质押可能引起一系列的风险变化，根据《保险法》第三十四条第二款的规定，此时被保险人须以书面方式同意方可进行保险单的转让或质押，以防止道德风险的发生，从而保护被保险人的合法权益。

四、被保险人同意权的法律后果

为防止道德风险，被保险人同意权的行使是死亡保险合同的效力要件。根据《保险法》第三十四条第一款的规定，未经被保险人同意并认可保险金额，该死亡保险合同无效。

➤ **本节内容提要**

基于道德风险的考虑，他人为被保险人投保以死亡为给付保险金条件的人身保险，需要被保险人的同意并认可保险金额。

被保险人的同意权可以采取以下方式履行：（1）被保险人主动表示同意；（2）被保险人明知他人代其签名同意而未表示异议的；（3）被保险人同意投保人指定的受益人的；（4）有证据可以认定被保险人同意投保人为其投保的其他情形。

以死亡为给付保险金条件的人身保险合同，未经被保险人书面同意不得转让或质押。

被保险人可以撤销之前同意的意思表示，并解除该人身保险合同。

➤ **引例分析**

在投保时，投保人张华对被保险人钱敏具有保险利益。不过由于保险合同有死亡保险责任，根据《保险法》第三十四条的规定，需要经过被保险人钱敏的同意保险合同方为有效。

由于保单中被保险人处签名为投保人张华代签，且调查时被保险人已经死亡，需要通过其他途径了解被保险人钱敏对保单是否存在其他同意的情形。根据《司法解释（三）》第一条的规定，只要认定被保险人存在同意并认可保险金额的情形，亦可确认保险合同的效力。

➤ **小结自测**

1.以死亡为给付保险金条件的合同，未经被保险人同意并认可保险金额的，（　　　）。

A.合同解除　　B.合同无效　　C.合同终止

2.满足以下哪些情形可以确认被保险人同意并认可保险金额？（　　　　）

A.被保险人明知他人代其签名同意而未表示异议的。

B.被保险人同意投保人指定的受益人的。

C.有证据足以认定被保险人同意投保人为其投保的其他情形。

3.被保险人以书面形式通知保险人和投保人撤销其依据保险法第三十四条第一款规定所做出的同意意思表示的，可认定为（　　　）。

A.保险合同中止　　B.保险合同无效　　C.保险合同解除

4.按照以死亡为给付保险金条件的合同所签发的保险单，未经被保险人（　　　），不得转让或者质押。

A.同意　　B.书面同意　　C.口头同意

5.以死亡为给付保险金条件的合同，未经被保险人（　　　）并认可保险金额的，合同无效。

A.同意　　B.书面同意　　C.口头同意

➤ **复习题**

1.投保以死亡为给付保险金条件的合同存在哪些限制？

2.被保险人对死亡保险合同的同意权如何行使？

3.死亡保险被保险人的同意是否可撤销？法律后果是什么？

4.离婚前，小赵的丈夫小刘为小赵投保了以死亡为给付保险金条件的人身保险，小赵表示不希望对方继续为其缴费，不想要这份保险合同了。不过，小刘执意要继续合同的效力，希望继续缴费，不愿意退保。请问，小赵是否可以要求合同解除，该怎么做？

小结自测答案

第五节　人身保险合同的受益人

➤ **学习目标**

·掌握受益人的概念和适用范围

·掌握受益人指定和变更的法律规定

·掌握受益人顺序和份额的法律规定

·掌握受益权处分的相关法律规定

➤ **引 例**

张某系王某的前夫，离婚前，张某以王某为被保险人投保了重大疾病保险，指定自己为受益人，王某同意。离婚后，王某欲变更受益人为两人的孩子，受到张某的阻挠。张某认为自己是保险合同的投保人，有权指定受益人。

受益人是保险合同中十分重要的主体。根据《保险法》第十八条第三款的定义，受益人是人身保险合同中指定的可以在被保险人死亡后向保险人请求领取保险金的主体。

受益人的确定顺序和份额

由于受益人的指定或变更直接决定了被保险人死亡后死亡保险金的归属，对于被保险人来说就直接关系到自身的生命安全，因此，需要一系列的法律规定来防止道德风险的发生，同时为被保险人和受益人提供足够的保障。

一、受益人的指定和变更

由于受益人决定了被保险人死亡后保险金的归属问题，为了防范道德风险，保护被保险人的人身安全，我国保险法律对于受益人的指定和变更均要求获得被保险人的同意方为有效。

根据《保险法》第三十九条和《司法解释（三）》第九条的规定，当投保人与保险人订立人身保险合同时，若其中包含被保险人的死亡责任，可以指定受益人。投保人和被保险人都可以指定受益人，不过，投保人的指定须经过被保险人的同意方可有效。

根据《保险法》第四十一条的规定，投保人和被保险人在已经指定受益人的情况下，可以变更受益人。投保人变更受益人必须经过被保险人的同意。

根据《保险法》第四十一条对于变更受益人的要求，可以认为受益人的指定或变更均需要采用书面形式进行，保险人应当在保险单或保险凭证上进行书面记载。

此外，为了防止道德风险，变更的受益人不得向保险人请求变更之前事故的保险金。根据《司法解释（三）》第十一条的规定，对于受益人的变更，要求在保险事故发生前进行，保险事故发生后变更的受益人不得请求保险人给付保险金。

在指定或变更受益人时，若出现指定不明确，例如只指定受益人与被保险人的身份关系，或同时约定姓名与身份关系的，易出现纠纷。《司法解释（三）》第九条第二款对此进行了规定："当事人对保险合同约定的受益人存在争议，除投保人、被保险人在保险合同之外另有约定外，按照以下情形分别处理：（一）受益人约定为'法定'或者'法定继承人'的，以继承法规定的法定继承人为受益人；（二）受益人仅约定为身份关系，投保人与被保险人为同一主体的，根据保险事故发生时与被保险人的身份关系确定受益人；投保人与被保险人为不同主体的，根据保险合同成立时与被保险人的身份关系确定受益人；（三）受益人的约定包括姓名和身份关系，保险事故发生时身份关系发生变化的，认定为未指定受益人。"

二、受益人的顺序和份额

根据《保险法》第四十条的规定，人身保险合同订立时，可以指定一人或数人为受益人，受益人为数人的，可以确定受益人的顺序和受益份额。

虽然《保险法》第四十条对于受益顺序和份额有了初步规定，但如果其中部分受益人在保险事故发生前死亡、放弃受益权或者依法丧失受益权的，该受益人应得的受益份额该如何处理的问题没有提及。《司法解释（三）》对由此可能出现的各种情形进一步进行了明确。

（1）未约定受益顺序和受益份额的，由其他受益人平均享有。

（2）未约定受益顺序但约定受益份额的，由其他受益人按照相应比例享有。

（3）约定受益顺序但未约定受益份额的，由同顺序的其他受益人平均享有；同一顺序没有其他受益人的，由后一顺序的受益人平均享有。

（4）约定受益顺序和受益份额的，由同顺序的其他受益人按照相应比例享有；同一顺序没有其他受益人的，由后一顺序的受益人按照相应比例享有。

三、受益权的处分

虽然被保险人可以通过受益人的指定或变更来意图明确自己死亡后保险金的归属，但作为受益人本人，亦可以对自己的受益权进行一定程度的处分。根据《保险法》第四十二条以及《司法解释（三）》第十三条的规定，受益人可以放弃受益权，也可以有条件地转让受益权。

首先，受益人有权放弃受益权。受益权是一种期待权，须在被保险人发生死亡保险事故后，依据保险合同方产生实际的请求权。受益人放弃受益权的，其份额应依法由其他受益人或继承人取得。

其次，受益人可以有条件地转让受益权。受益权的转让是将被保险人死亡后向保险人请求保险金的权利转让给第三人，是对受益权的处分。由于受益权的转让使得被保险人死亡保险金的归属发生变化，基于道德风险的防范和控制的需要，被保险人死亡事故发生前不得进行受益权的转让。

根据《司法解释（三）》第十三条的规定，保险事故发生后，受益人可以将自己在合同中的保险金请求权转让给第三人，除非当事人在合同中约定不得转让。

最后，受益权可因受益人危害被保险人的行为而丧失。若受益人对被保险人实施人身危害行为，无法实现被保险人确定受益人的目的，随即丧失了其成为被保险人死亡保险金受领人的资格。根据《保险法》第四十三条第二款的规定，受益人故意造成被保险人死亡、伤残、疾病的，或者故意杀害被保险人未遂的，该受益人丧失受益权。

➤ **本节内容提要**

受益人是人身保险合同中指定的可以在被保险人死亡后向保险人请求领取保险金的主体。

受益人的指定和变更均需要经过被保险人的同意才有效。

可以指定一人或数人为受益人，指定数人的，可以约定受益顺序和受益份额。

受益权可以放弃和有条件地转让。

➤ **引例分析**

本案争议的焦点为被保险人是否有权变更受益人。根据前面所学习的知识，投保人和被保险人均有权指定受益人，而投保人对受益人的指定必须经过被保险人的同意方能生效。本案投保时确定张某为受益人是经过王某同意的，确系有效。双方离婚后，王某作为被保险人有权变更受益人，投保人也可以变更受益人，但依然需要取得被保险人的同意。由此可见，被保险人对受益人变更有最终的决定权。案例中，张某阻挠王某变更受益人的行为是违法的，应该立刻停止。

小结自测

1.《保险法》中所指的受益人是指（　　）的受益人。

A.人身保险合同中　　B.财产保险合同中　　C.保险合同中

2.享有保险金请求权的人包括（　　）。

A.被保险人　　B.投保人　　.C受益人

3.受益人可以由（　　）指定。

A.保险人　　B.投保人　　C.被保险人

4.投保人指定的受益人必须经过（　　）同意，否则指定无效。

A.近亲属　　B.被保险人　　C.保险人

5.投保人变更受益人必须经过（　　）的同意。

A.近亲属　　B.被保险人　　C.保险人

6.保险事故发生后变更受益人的，变更后的受益人（　　）请求保险人给付保险金。

A.不得　　B.可以　　C.必须

7.人身保险合同订立时，可以指定（　　）为受益人。

A.一人　　B.三人　　C.五人

8.人身保险合同中指定数人为受益人的，可以约定（　　）。

A.受益份额　　B.受益顺序　　C.受益金额

9.人身保险合同中受益人（　　）放弃受益权。

A.不得　　B.可以　　C.无法

10.人身保险合同中受益人（　　）转让受益权。

A.不得　　B.可以　　C.可以有条件地

复习题

1.受益人的指定或变更有哪些必须遵守的规定？

2.若受益人指定不明，该如何处理？

3.人身保险合同中数人为受益人的，受益顺序和受益份额约定不明该如何处理？

4.廖某与钱某系夫妻，2014年，廖某为自己投保了重大疾病保险，并确定受益人为配偶。2017年，廖某与钱某感情不和离婚，一年后，廖某与张某再婚。谁料婚后不久，2019年1月中旬，廖某突发心肌梗死，经抢救无效一周后去世。按照保险合同约定，保险人需要向受益人给付30万的保险金。请问，该笔保险金应该支付给钱某还是张某？

小结自测答案

第六节　被保险人的伤残或死亡

► 学习目标

·掌握被保险人死亡保险金归属的相关法律规定

·掌握被保险人伤残或死亡后保险人可以据以抗辩免责的几种情形

·掌握被保险人宣告死亡的相关法律规定

► 引　例

小王母亲在 2015 年为自己购买了一份人身保险，约定死亡保险金额为 20 万元，保险期限 20 年，并指定小王为唯一受益人。2018 年 3 月，小王和母亲在一场严重车祸中死亡，经鉴定无法确定两人的死亡顺序。

在人身保险合同中若约定了被保险人伤残或死亡作为保险人给付保险金条件的，有一系列针对性的法律规定。

一、被保险人死亡保险金的归属

根据受益人的指定和变更，保险合同明确了被保险人发生死亡保险事故后给付保险金的归属。不过，在保险合同的履行过程中，受益人及相关受益权可能发生一定的变化，保险法和相关司法解释在避免道德风险的基础上明确被保险人死亡保险金的归属。

（一）死亡保险金由继承人继承的情形

当被保险人死亡时，没有受益人或无法确定受益人的，基于保护被保险人利益的考虑，死亡保险金由被保险人的继承人继承为宜。

根据《保险法》第四十二条的规定，在以下情况下，被保险人死亡后保险金作为被保险人的遗产，由被保险人的遗产继承人取得。

（1）没有指定受益人，或者受益人指定不明无法确定的；

（2）受益人先于被保险人死亡，没有其他受益人的；

（3）受益人依法丧失受益权或者放弃受益权，没有其他受益人的。

（二）受益人与被保险人同时死亡

根据《保险法》第四十二条第二款和《司法解释（三）》第十五条的规定，如果被保险人与受益人在同一事件中死亡，且无法确定死亡的先后顺序，则推定受益人死亡在先，并据此确定保险金的归属。

二、投保人故意造成被保险人死亡、伤残或者疾病

投保人若故意制造事故，尤其故意造成被保险人死亡、伤残或疾病的事故，基于道德风险的防控，保险人将不承担保险责任。

根据《保险法》第四十三条第一款的规定，投保人故意造成被保险人死亡、伤残或者疾病的，保险人不承担给付保险金的责任。投保人已缴足两年以上保险费的，保险人应当按照合同约定向其他权利人退还保险单的现金价值。该条对可以获取保单现金价值的"其他权利人"的范围没有进一步规定，《司法解释（三）》第十六条第二款进行了补充。这里的"其他权利人"是按照被保险人、被保险人继承人的顺序确定的。

三、被保险人自杀

同世界各国的保险立法一致，我国保险法对于自杀行为都明确了保险人一定程度的免责，因为为了获取保险金的自杀行为是需要防控的一种道德风险。一般认为，希望以自杀行为获取保险金的合同订立后，被保险人的自杀意愿一般无法持续两年以上，因此通过两年的时间来控制该类道德风险。

自杀条款及举证责任

根据《保险法》第四十四条的规定，保险人对于被保险人在合同成立或合同效力恢复之日起两年内实施自杀行为而导致的死亡，不承担保险责任，除非被保险人自杀时为无民事行为能力人。

事故发生后，被保险人是否自杀以及被保险人自杀时是否具备民事行为能力等事实需要大量证据证明。为了明确当事人的诉讼预期，《司法解释（三）》规定了保险人和受益人或被保险人继承人的举证责任范围，即保险人对被保险人的自杀承担举证责任，受益人或被保险人继承人对被保险人自杀时为无民事行为能力人承担举证责任。

四、被保险人严重违法导致伤残或死亡

为避免鼓励违法行为，因被保险人实施某些严重违法犯罪行为而导致的死亡或伤残，保险人不承担保险责任。《保险法》第四十五条对此进行了规定，并明确了保险人可以免除保险责任的情形为被保险人故意犯罪或者抗拒依法采取的刑事强制措施。

不过，保险人在据此进行抗辩时，不得随意夸大被保险人故意犯罪或抗拒依法采取刑事强制措施的范围。

（一）被保险人故意犯罪的认定

根据《司法解释（三）》第二十二条的规定，"被保险人故意犯罪"的认定，应当以刑事侦查机关、检察机关和审判机关的生效法律文书或者其他结论性意见为依据。

因此，保险人不得以上述结论以外的任何依据为被保险人犯罪的依据而免责。

（二）被保险人的死亡与严重违法行为之间的因果关系

根据《司法解释（三）》第二十三条第一款的规定，只有当被保险人的死亡与其实施的故意犯罪或者抗拒依法采取的刑事强制措施之间存在因果关系，保险人方可主张免责。

（三）被保险人被羁押、服刑期间的伤残或死亡认定

根据《司法解释（三）》第二十三条第二款的规定，被保险人在被羁押、服刑期间因意外或者疾病造成伤残或者死亡，保险人不得主张免除保险责任。

五、宣告死亡

根据民事法律的规定，自然人宣告死亡将产生自然人死亡的法律后果。

根据《司法解释（三）》第二十四条的规定，被保险人宣告死亡后，当事人可以要求保险人给付被保险人的死亡保险金，且以被保险人下落不明之日作为被保险人死亡保险事故的发生时间。

➤ **本节内容提要**

当被保险人死亡时，没有受益人或约定不明确或受益人放弃受益权又没有其他受益人的，该保险金作为被保险人的遗产由继承人进行继承。

投保人的故意行为造成被保险人死亡或伤残的，保险人可以不承担给付保险金的责任。

被保险人在合同成立或复效两年内自杀的，保险人可以不承担给付保险金的责任。

被保险人因故意犯罪或抗拒依法采取的刑事强制措施导致的伤残或死亡，保险人可以不承担给付保险金的责任。

被保险人宣告死亡的，保险人应当给付被保险人的死亡保险金。

➤ **引例分析**

本例中，小王母亲因意外事故身亡，符合保险人给付保险金的条件。根据《保险法》第四十二条的规定，被保险人死亡的，该保险金根据不同情况分别由受益人领取或变为遗产由继承人继承。本案难点在于，小王与母亲同时在一场意外事故中死亡，且无法认定先后顺序。

根据《保险法》第四十二条第二款的规定，受益人与被保险人在同一事件中死亡，且不能确定死亡先后顺序的，推定受益人死亡在先。既然受益人是先于被保险人死亡的，且小王又是保险合同中的唯一受益人，据此可以判断，小王母亲死亡后，没有其他受益人，符合《保险法》第四十二条将保险金作为被保险人遗产继承的情形。

所以，最终结论是该笔死亡保险金应定性为被保险人小王母亲的遗产，由遗产继承人继承。

➤ **小结自测**

死亡保险金由继承人继承的情形包括（　　）。

A.没有指定受益人或指定不明确　B.受益人限于被保险人死亡的，没有其他受益人

C.受益人依法丧失受益权或者放弃受益权，没有其他受益人的

2.当被保险人与受益人在同一事件中死亡，无法确定死亡先后顺序的，（　　）。

A.推定被保险人死亡在先　　B.推定受益人死亡在先　　C.推定同时死亡

3.投保人故意造成被保险人死亡、伤残或者疾病的，保险人不承担给付保险金的责任。投保人已缴足两年以上保险费的，保险人应当按照合同约定向（　　）退还保险单的现金价值。

A.投保人　　B.被保险人　　C.被保险人继承人

4.以被保险人死亡为给付保险金条件的合同，自（　　）之日起两年内，被保险人自杀的，保险人不承担给付保险金的责任。

A.合同成立　　B.合同生效　　C.合同效力恢复

5.被保险人自杀时为（　　）的，不适用自杀条款。

A.无民事行为能力人　　B.限制民事行为能力人　　C.完全民事行为能力人

6.保险人以被保险人自杀为由拒绝给付保险金的，由（　　）承担举证责任。

A.保险人　　B.投保人　　C.受益人

7.受益人或者被保险人的继承人以被保险人自杀时无民事行为能力为由抗辩的，由（　　）承担举证责任。

A.保险人　　B.被保险人的继承人　　C.受益人

8.因被保险人（　　）导致其伤残或者死亡的，保险人不承担给付保险金的责任。

A.违反交通规则　　B.故意犯罪　　C.抗拒依法采取的刑事强制措施

9.保险法第四十五条规定的被保险人故意犯罪的认定，应当以（　　）的生效法律文书或者其他结论性意见为依据。

A.刑事侦查机关　　B.检察机关　　C.审判机关

10.主张根据保险法第四十五条的规定不承担给付保险金责任的，（　　）应当证明被保险人的死亡、伤残结果与其实施的故意犯罪或者抗拒依法采取的刑事强制措施的行为之间存在因果关系。

A.被保险人　　B.受益人或继承人　　C.保险人

11.被保险人在羁押、服刑期间因意外或者疾病造成伤残或者死亡，保险人（　　）。

A.不得主张免除保险责任　　B.不承担给付保险金的责任　　C.可以解除保险合同

➤ 复习题

1.被保险人死亡后，如何确定死亡保险金的归属？

2.请描述自杀条款的相关规定。

3.小张是某工厂职工，工厂每年统一为员工购买意外伤害保险，死亡保险金额为10万元。几个月前，小张因手头紧，跟几个社会闲散分子一同行窃，获得不少收益，最近小张和同伙又谋划了一次较大的犯罪活动。2018年5月，小张和同伙入室行窃，偷得价值10余万元的赃物。获取赃物后，小张与同伙在一个僻静处分赃，因分赃不均起了冲突，小张被一同伙用刀刺伤，最终因失血过多身亡。事故发生后，小张家人要求保险公司给付死亡保险金，保险公司拒绝。请问，保险公司的做法合法吗？

小结自测答案

第四章
财产保险合同的规定

➤ **本章导读**

财产保险合同与人身保险合同在合同的订立、履行等过程中有诸多不同的性质，为了进一步掌握财产保险合同及其法律规定，本章将着重梳理并逐一分析财产保险合同的相关规定，帮助读者理解立法背景，掌握处理财产保险合同特殊问题的流程和方法。

第一节　财产保险的保险利益

➤ **学习目标**

· 掌握财产保险保险利益的判断时点

· 掌握财产保险不具有保险利益的后果

· 了解财产保险保险利益判断标准的争议

➤ **引　例**

2017年1月2日，A公司向本市一家印刷厂租借了一间厂房作为生产车间，约定租赁期为1年（至次年1月1日到期）。两个月后A公司向当地保险公司投保了企业财产险，期限为1年（2017年3月6日至2018年3月5日）。当年A公司因订单不断，欲向印刷厂续租厂房1年，遭到拒绝，因此A公司只好边维持生产边准备搬迁。2018年1月2日后，A公司因业务繁忙无法及时搬迁，印刷厂多次与A公司交涉，催促其尽快搬走，而A公司表示愿意支付违约金和租金，只求多拖延几日，但印刷厂执意不肯，并表示再不搬迁将诉至法院。直至2018年2月3日，A公司职员因操作不慎将洒在地上的煤油引燃起火，造成厂房屋顶烧塌，需修理费9万余元，A公司于是向保险人索赔。

关于保险利益的概念及其重要性，已在本书第三章第一节叙述人身保险的保险利益时述及，此处不赘述。

根据业务性质不同，财产保险的保险利益与人身保险的保险利益的法律规定有较大的区别。

一、财产保险保险利益的判断时点

财产保险的标的一般为有形财产及其相关利益、法律责任等，一般均可以以经济价值衡量，保险人的保险责任为依据财产保险合同补偿被保险人因事故造成的损失。因此，只需确认被保险人不能因事故的发生额外获利，不存在道德风险的可能，即可确认保险利益，保险人可以进行赔偿。

《保险法》第十二条第二款对上述原则进行了明确，即只需确认在保险事故发生时被保险人对保险标的应当具有保险利益。这在最大限度地发挥保险合同的保障功能的基础上，利用保险利益规则防范了道德风险。

首先，确认保险利益是被保险人与保险标的之间产生的。财产保险事故发生后，保险人一般向被保险人赔偿保险金，只需审核被保险人对保险标的具有经济上的利益，即可确认排除道德风险的可能。

其次，保险事故发生时确认财产保险利益。为了发挥财产保险合同的保障功能，只要不存在道德风险的可能，就不必像人身保险合同那样严格地审查保险利益。因此，只要在事故发生时具有保险利益，该事故是道德风险导致的可能性极小，保险人就应当承担赔偿保险金的责任。

二、财产保险事故发生时不具有保险利益的后果

相比人身保险在投保时若不具有保险利益，将产生保险合同无效的严重后果，财产保险事故发生时若不具有保险利益，法律后果有所不同。

根据《保险法》第四十八条的规定，若在保险事故发生时，被保险人对保险标的不具有保险利益，不得向保险人请求赔偿保险金。

由上述法律规定可知，若保险事故发生时，被保险人对保险标的不具有保险利益，则：

（1）为了防范道德风险，被保险人不得向保险人请求赔偿保险金。

（2）该财产保险合同的效力继续，本次事故的不赔偿不影响保险合同的效力，不影响下一次保险事故对保险利益的重新审查。

由于在每次保险事故发生时都会判断保险利益，财产保险的投保相比人身保险要灵活得多，甚至可以出现多个投保人对同一保险标的进行投保的情况。《司法解释（二）》第一条对前述情况进行了肯定，并明确各被保险人在保险利益范围内可依据保险合同主张保险金的赔偿。

三、财产保险保险利益的判断标准

我国的保险法及相关法规对于财产保险的保险利益的判断标准没有明确的法律规定。从传统的财产归属、请求、责任等角度，可以通过判断财产利益的来源来确定财产保险利益。但是，财产保险合同在为被保险人提供保险保障责任的时候往往出现一些新情况，

财产保险保险利益的
认定标准

被保险人与财产间的关系一方面无明确法律规定的合法来源，另一方面由于该财产的事故导致被保险人实际的经济损失，此类利益是否应当作为法律承认的保险利益来对待仍值得研究。

> **本节内容提要**

财产保险的被保险人应当是事故发生时对保险标的具有保险利益的人。

若保险事故发生时被保险人对保险标的不具有保险利益，则被保险人不得向保险人请求保险金。

财产保险保险利益的判断标准没有明确的法律规定，存在一定争议。

> **引例分析**

引例中，A公司与保险人争议的焦点是当火灾发生时，A公司对所投保的厂房是否具有保险利益。

一方面，根据租赁合同期限，A公司厂房租赁到期时间是2018年1月1日；另一方面，A公司与保险公司的财产保险合同期限是2017年3月6日至2018年3月5日。根据《保险法》第十二条的规定，财产保险合同保险利益判断时点是在事故发生的时候。本案中，只要A公司在事故发生时对厂房具有保险利益，则保险公司应当对保险期间内发生的保险事故向A公司承担赔偿保险金的责任。

保险公司拒绝承担保险责任的理由是 A 公司与印刷厂的厂房租赁合同已经到期，事故发生时 A 公司对于厂房不具有保险利益。

A 公司则认为其在租赁合同到期后继续对厂房的实际占用和使用构成了保险利益。

笔者认为应当引入财产保险的保险利益判断的经济利益原则，即因事故引起的财产保险标的损失只要导致被保险人的实际经济利益受损，应当在这个范围内确认被保险人对保险标的的保险利益。

综上，本案中，因厂房事故导致 A 公司需要承担厂房修缮的费用，A 公司对厂房在租赁合同终止后依然具有保险利益。保险公司应当向 A 公司承担相应的保险金赔偿的责任。

➤ 小结自测

1.财产保险合同中，判断保险利益的时点是（　　）。

A.财产保险合同订立时　　　B.保险事故发生时　　　C.被保险人请求保险金赔偿时

2.在财产保险合同中，保险利益是存在于（　　）中。

A.被保险人对保险标的　　　B.投保人对被保险人　　　C.投保人对保险标的

3.财产保险合同中，如果在保险事故发生时，被保险人对保险标的不具有保险利益的，（　　）。

A.保险合同无效　　　B.不得向保险人请求赔偿保险金　　　C.保险人可以解除合同

4.不同的投保人（　　）就同一财产保险标的的分别投保。

A.可以　　　B.不得　　　C 必须

➤ 复习题

1.财产保险合同与人身保险合同在判断保险利益的时点上有何不同？

2.财产保险不具有保险利益的法律后果是什么？

3.应该如何确定财产保险的保险利益的判断标准？

4.小张准备将自有的一辆轿车转让给小王，原定于 2018 年 4 月底进行交易。小王在交易前，去某保险公司为该车投保了机动车辆保险，保险期限为 2018 年 4 月 30 日至 2019 年 4 月 29 日。2018 年 4 月下旬，小张与小王商量，因要出门旅游，能否晚交车一个月，小王答应了。岂知小张在旅游途中发生交通事故，车辆严重受损，小王赶紧向保险公司报案请求保险公司的保险金赔偿。请问保险公司是否应该向小王赔偿保险金？

小结自测答案

第二节　保险标的转让及危险程度增加

> **学习目标**

　　·掌握标的转让的通知义务

　　·掌握危险程度增加的通知义务

　　·掌握危险程度显著增加的判定标准

　　·掌握保险人应当降低保费的情形

> **引　例**

　　2017年12月20日，张某与保险公司签订了火灾保险合同，保险标的为其处在山脚下的两间房屋，保险期限为1年。张某在缴纳了保险费后，保险公司向其签发了保险单。2018年8月，由于夏季雨水充沛，导致山上土块松动，山顶上的两块巨石摇摇欲坠，随时都有滚落压坏房屋的危险。但张某并未将此情况通知保险公司。2018年9月1日，张某的房屋由于火灾发生全损，其向保险公司提出赔偿全部损失的请求。保险公司经过调查，认为张某没有将山上巨石可能滚落的情况通知保险公司，违反了危险增加的通知义务，拒绝赔偿张某的损失。

　　投保财产保险时，财产的风险状况往往决定了该保险标的发生事故可能性的大小，成为保险人决定是否承保或确定保险费率需要考虑的重要因素。而财产在流转或使用过程中，风险状况很可能随时发生变化，保险人往往不知，若被保险人或投保人明知财产标的的危险程度急剧增加而不通知保险人，对保险人则显失公平。

　　为了保障保险合同双方在合同中的合法权益，对于保险标的在保险期间危险程度增加的情况，我国保险法律体系作出了一系列的规定。

一、保险标的转让

　　财产保险承保的标的为财产及其相关利益，财产发生转让是常态，而当财产转让后即置于受让人的控制之下，危险程度与转让前可能有较大的变化。《保险法》第四十九条对财产保险标的的转让行为及相关通知义务进行了规定。

　　第一，受让人直接承继被保险人的权利和义务。根据《保险法》第四十九条第一款的规定，保险标的转让的，保险标的的受让人承继被保险人的权利和义务。也就是说，财产标的的转让行为直接使得受让人替代原被保险人，继续享有并行使该财产保险合同中被保险人的权利和义务。

第二，保险标的转让一般要通知保险人。根据《保险法》第四十九条第二款的规定，保险标的转让的，被保险人或者受让人应当及时通知保险人，但货物运输保险合同和另有约定的合同除外。根据本条规定，除货运险或事先合同约定的外，保险人对于保险标的的转让有知情权，以了解标的风险状况的变化。

第三，保险标的转让若导致危险程度显著增加，保险人有依约增加保险费或解除保险合同的权利。根据《保险法》第四十九条第三款的规定，因保险标的转让导致危险程度显著增加的，保险人自收到前款规定的通知之日起 30 日内，可以按照合同约定增加保险费或者解除合同。此处，当保险人确认危险程度有显著增加时，保险人有权按照合同的事先约定增加保险费，对于保险费增加等没有约定的，保险人有权直接解除合同。

第四，违反保险标的转让通知义务的，因危险程度显著增加导致的事故，保险人不承担赔偿责任。

由上述的规定可知：一方面，被保险人或受让人在保险标的转让时若不通知保险人，保险人对危险程度显著增加导致的事故不承担赔偿责任，但如果事故的发生与危险程度增加无关，保险人依然要对受让人承担赔偿责任；另一方面，若希望获得保险人的全面保障，被保险人或受让人应当在标的转让时通知保险人，不过，保险人依然保留依约增加保险费或者解除合同的权利。

由此可见，《保险法》对于保险标的转让的通知义务并未进行严格的规定，被保险人或受让人可以根据标的转让带来的危险程度变化，进行一定程度的选择。

二、危险程度增加的通知义务

根据《保险法》第五十二条的规定，在保险合同有效期内，保险标的的危险程度显著增加的，被保险人应当及时通知保险人，此为危险程度增加的通知义务。明确该通知义务的目的是希望保险人能对财产保险标的危险程度的重大变化有所了解，当事故发生概率有较大提高时，能够通过提高费率或解除合同来确保保险人的合法权益。

危险程度增加的通知义务与前述的标的转让通知义务，从立法逻辑上看是一致的，被保险人可以权衡利弊，以选择是否通知保险人。当危险程度显著增加时，如果通知保险人，被保险人有可能获得全面的保障，不过保险人也有可能要求加费甚至解除合同从而使被保险人彻底失去保险合同的保障；如果不通知保险人，则保险人只对于因危险程度显著增加导致的事故不承担赔偿责任，被保险人还是能获得一定程度的保险保障。

综上，被保险人将通过利益权衡来确定是否履行危险程度增加的通知义务。

三、危险程度显著增加的判定标准

无论是被保险人还是财产标的转让的受让人，一般都不是风险管理的专家，对于财产的危险程度变化无法进行专业的判定，若对于危险程度增加的通知义务规定得过于严苛，自然不利于被保险人权益的保护和保险保障功能的实现。

危险程度显著增加的
判断

《保险法》对于危险程度增加的措辞也体现了对被保险人及受让人的利益保护。"危险程度显著增加"中的"显著"二字明确了该通知义务的前提是有常人较易发现的危险程度十分明显的增加。

《最高人民法院关于适用〈中华人民共和国保险法〉若干问题的解释（四）》（以下简称《司法解释（四）》）第四条对于何谓危险程度的显著增加又进一步进行了明确。该条通过列举六项加一条兜底条款的形式，将可能导致危险程度显著增加的情形进行了一般性的说明，并且在该条第二款中，将可以或应当预见的危险程度的显著增加排除在外，理由是保险人已在保险费率等承保条件的约定中包含了对这些风险因素的考虑。

对于危险程度显著增加的确认，保险人应当承担举证责任，证明保险标的的危险程度在标的转让或合同有效期内发生了显著增加，这是基于保险人所拥有的人力、财力以及专业性的必然。

四、危险程度明显减少

相对于保险标的的危险程度增加的通知义务，《保险法》第五十三条亦规定了危险程度明显减少等保险人应当降低保险费的情形。

当保险人据以确定保险费率的有关情况发生变化，出现危险程度明显下降、保险标的的价值明显减少等情况时，保险人所承担的保险责任明显减轻，投保人缴付保费的义务亦当随之减轻。

> **本节内容提要**

财产保险合同中的财产保险标的发生转让时，受让人承继被保险人在合同中的权利和义务，不过若标的的危险程度因转让发生显著增加，需要通知保险人，否则保险人对于危险程度显著增加导致的保险事故不承担赔偿责任。

在财产保险合同有效期内，如果标的的危险程度显著增加，需要通知保险人，否则保险人对于危险程度显著增加导致的保险事故不承担赔偿责任。

保险人在合同订立时能够或应当预见的危险程度的增加不构成危险程度的显著增加。

当保险标的危险程度或保险价值明显减少时，保险人应当降低保费。

> **引例分析**

根据本案例的描述，张某对于巨石欲坠的危险程度显著增加的情形是了解的，而且直到事故发生之前都没有通知保险人。但是，保险人依然应当承担相应的赔偿责任。

根据《保险法》第五十二条第二款，被保险人未履行前款规定的通知义务的，因保险标的的危险程度显著增加而发生的保险事故，保险人不承担赔偿保险金的责任。

由此可见，若被保险人未履行危险程度增加通知义务，保险人对于因保险标的危险程度显著增加而发生的事故可以不承担保险责任。本案中，保险标的的事故并非由于巨石坠落导致，而是火灾，与危险程度的显著增加因素无关，因此，保险人应当承担相应的赔偿责任。

> **小结自测**

1.保险标的转让的，保险标的的受让人承继被保险人的（　　）。

A.权利　　B.义务　　C.权利和义务

2.保险标的转让的，（　　）应当及时通知保险人，但货物运输保险合同和另有约定的合同除外。

A.投保人　　B.被保险人　　C.受让人

3.因保险标的转让导致危险程度显著增加的，保险人自收到前款规定的通知之日起三十日内，可以按照合同约定（　　）。

A.增加保险费　　B.要求投保人退保　　C.解除保险合同

4.保险标的转让的，若被保险人或者受让人没有及时通知保险人，（　　　），保险人不承担赔偿保险金的责任。

A.发生保险事故　　B.因转让导致保险标的的危险程度增加而发生的保险事故

C.因转让导致保险标的的危险程度显著增加而发生的保险事故

5.在合同有效期内，保险标的的（　　）的，被保险人应当按照合同约定及时通知保险人

A.危险程度变化　　　B.危险程度显著增加　　　C.危险程度增加

6.保险标的的危险程度显著增加的，被保险人通知保险人后，保险人可以按照合同约定（　　）。

A.增加保险费　　　B.解除保险合同　　　C.拒绝承担赔偿责任

7.合同有效期内，保险标的的危险程度显著增加的，被保险人若没有及时通知保险人，（　　），保险人不承担赔偿保险金的责任。

A.发生保险事故　　　B.因保险标的危险程度增加而发生的保险事故

C.因保险标的危险程度显著增加而发生的保险事故

8.（　　）属于危险程度显著增加的考虑因素。

A.保险标的用途的改变　　B.保险标的的使用范围的改变　　C.保险标的的所处环境的变化

D.保险标的的因改装等原因引起的变化　　E.保险标的的使用人或者管理人的改变

F.危险程度增加持续的时间　　G.其他可能导致危险程度显著增加的因素

9.（　　），保险人应当降低保险费。

A.保险标的的保险金额明显减少的

B.据以确定保险费率的有关情况发生变化，保险标的的危险程度明显减少的

C.保险标的的保险价值明显减少的

➤ 复习题

1.保险标的转让的，被保险人或受让人没有及时通知保险人，可能面临的法律后果是什么？

2.请描述危险程度增加的通知义务。违反前述义务的法律后果是什么？

3.判断危险程度是否显著增加的考虑因素有哪些？

4.危险程度明显减少的法律后果是什么？

5.2017年10月12日，张某与保险公司签订火灾保险合同，将其全部家庭财产投保火灾保险，保险期限为一年。2018年2月，张某邻居发生火灾，造成张某部分家庭财产受损。事后，张某向保险公司提出赔偿请求。保险公司在调查中发现，2018年1月，张某邻居将其房屋出租给他人用于存放大量棉花制品，张某知晓此事后并未及时通知保险公司。保险公司认为张某违反危险程度增加的通知义务，做出拒赔决定，双方发生争议。

请问本案是否存在危险程度显著增加的情形？张某应该如何争取自己的合法权益？

小结自测答案

第三节　维护标的安全的义务

▶ **学习目标**

·掌握维护保险标的的安全的义务
·掌握违反该义务的法律后果

▶ **引　例**

　　某运输企业一次将 60 辆汽车向某保险公司投保机动车辆保险，约定保险期限为 1 年，保费缴清并出单。保险合同约定，保险方有权对运输企业的汽车进行安全检查，但是没有规定安全检查的时间和程序。保险合同生效后，保险公司多次会同交通安全管理部门对该运输企业的车辆进行安全检查，企业认为保险公司的做法增添了麻烦，拒绝检查。保险公司仅从外观就发现运输企业的车辆保养状况普遍不好，不安全因素较多，就书面建议该企业对 8 辆超过大修期限存在严重隐患的 8 吨卡车进行停产大修，但运输企业不予理会，称除非保险公司负责补偿停产的利润，否则不予执行。1 个月后，其中 2 辆大卡车肇事，造成车辆的经济损失 12 万元。运输企业依据保险合同向保险公司索赔。

　　保险公司经过调查认为，肇事的 2 辆车均是保险公司曾书面建议停产大修的汽车，运输企业不听建议，造成了保险事故，保险公司对此不负赔偿责任。运输企业认为车辆是否停产大修属于单位自己的决定权范围，保险公司无权干涉，且应当履行赔偿保险金的义务。

　　当投保人与保险人订立财产保险合同后，一旦被保险人的财产标的得到了保险合同的保障，被保险人对财产标的的管理和维护就容易发生疏漏，从而导致事故易发。为了避免此类道德风险的出现，《保险法》明确了在财产保险合同签订后，被保险人需要继续谨慎维护保险标的的安全。

　　维护保险标的的安全的义务，又称为防灾义务，即保险合同义务人应当维护保险标的的安全，为避免危险发生或减少危险发生的可能性，应当为或不为的行为。

一、维护保险标的安全的义务

根据《保险法》第五十一条的规定，被保险人应当遵守国家有关消防、安全、生产操作、劳动保护等方面的规定，维护保险标的的安全。维护保险标的安全的义务属于一般性法定义务，并不以双方当事人的约定为存在前提，双方当事人也不得以约定的方式排除。

维护标的的安全义务和危险
程度增加通知义务比较

维护保险标的安全义务的主体是被保险人。被保险人应当遵守国家有关消防、安全、生产操作、劳动保护等方面的规定，维护保险标的的安全。保险人根据合同的约定，可以对保险标的的安全状况进行检查。通过安全检查，可能会产生以下两种结果：第一，保险人如果认为有必要，且征得被保险人的同意，可以对保险标的直接采取安全预防措施；第二，保险人及时向投保人、被保险人提出消除不安全因素和隐患的书面建议，投保人、被保险人应当依照约定履行，否则可能被视为违反维护保险标的安全的义务。

二、违反该义务的法律后果

根据《保险法》第五十一条的规定，投保人、被保险人未按照约定履行其对保险标的安全应尽的责任的，保险人有权要求增加保险费或者解除合同，保险人拥有选择权。

值得注意的是，若投保人、被保险人未履行维护标的安全的义务，保险人也未及时采取增加保费或解除合同的行为，因标的未得到妥善维护而发生的事故，保险人是不能直接拒绝赔偿的。

> ➤ 　本节内容提要

财产保险合同订立后，投保人、被保险人要维护保险标的的安全。否则，保险人有权要求增加保险费或者解除合同。

保险人发现投保人、被保险人违反维护保险标的安全的义务的，应当及时采取措施。一旦发生事故，保险人可能依然要承担赔偿保险金的责任。

> ➤ 　引例分析

该案中，运输企业对于自有车辆是否履行了维护标的安全的义务是本案的争议焦点。根据《保险法》第五十一条第一款和第二款的规定，被保险人应当遵守国家有关消防、安全、生产操作、劳动保护等方面的规定，维护保险标的的安全。保险人可以按照合同约定对保险标的的安全状况进行检查，及时向投保人、被保险人提出消除不安全因素和隐患的书面建议。

保险公司认为部分机动车已经存在严重安全隐患，必须大修维护；而运输企业声称机动车大修是企业自己的事，他人无权干涉。笔者以为，运输企业违反了维护保险标的的安全的义务。理由有二：第一，根据相关法律法规，从事运输的车辆必须定期进行维护；第二，运输企业在与保险公司有约定的情况下拒绝保险公司的检查，并对保险公司的书面建议置若罔闻，保险公司只要能证明车辆存在严重的安全隐患，运输企业就违反了维护标的的安全的义务。

基于运输公司过错的事实，保险公司是否可以拒绝承担该次事故的保险责任呢？根据《保险法》第五十一条第三款的规定，投保人、被保险人未按照约定履行其对保险标的的安全应尽责任的，保险人有权要求增加保险费或者解除合同。法律规定明确，保险公司可以在事故发生前要求运输企业增加保费，或者直接与运输企业解除保险合同，但保险公司并不能直接不承担赔偿责任。可见，保险公司由于采取的措施不坚决，陷入了比较被动的局面。

聪明的读者也许发现，标的车辆存在明显安全隐患的情况，如果达到"危险程度显著增加"的程度，保险公司可以对方未通知为由拒绝赔偿。但我们应当注意到，本案中，保险人已经明知车辆"危险程度显著增加"的情况而未采取措施，恐怕也无法据此免除保险责任。

综上，即使运输企业违反维护标的的安全义务，保险公司因未及时采取相应措施，在没有特别约定的情况下，保险公司需要继续承担保险金的赔偿责任。

➤ **小结自测**

1.订立财产保险合同后，被保险人（   ）维护保险标的的安全。

A.应该   B.不需要   C.可以

2.维护标的安全义务的规定是为了防范（   ）。

A.逆选择   B.道德风险   C.财产风险

3.财产保险合同订立后，（   ）有义务维护保险标的安全。

A.投保人   B.被保险人   C.受益人

4.（   ）可以按照合同约定对保险标的的安全状况进行检查。

A.保险人   B.被保险人   C.银保监会

5.保险人在检查中发现不安全因素或隐患的，（　　）向投保人、被保险人提出。

A.可以　　B.不得　　C.必须

6.保险人为维护保险标的安全，（　　）采取安全预防措施。

A.必须及时　　B.可以直接　　C.经被保险人同意，可以

7.投保人、被保险人未按照约定履行其对保险标的安全应尽责任的，保险人（　　）。

A.有权要求增加保险费　　B.有权要求解除保险合同

C.有权对因此发生的事故不承担保险责任

> ### 复习题

1.维护保险标的安全的义务包含哪些内容？

2.保险人应如何督促投保人或被保险维护标的的安全？

3.违反维护标的安全义务的法律后果有哪些？

4.2018年12月，余某与保险公司签订财产保险合同，为其家庭财产投保财产保险，保险期限一年。2019年2月，保险公司在检查余某家庭财产安全情况时，认为房屋外墙堆放的木材属于火灾隐患，要求余某限期予以搬出，并向余某发出了整改通知书。但余某在接到整改通知书后，并未执行整改通知书中的要求。请问，此时，保险公司可以采取哪些应对措施？

小结自测答案

第四节　保险价值与保险金额

> ### 学习目标

· 掌握保险价值与保险金额的概念

· 理解保险价值与保险金额的关系

· 掌握超额保险、不足额保险、足额保险的法律后果

> ### 引　例

2018年7月，王某就价值100万元的机器设备在某保险公司投保企业财产险一年，当时投保金额为80万元，但并没有对具体补偿方式进行约定。2018年12月，由于意外失火，机器设备遭受损失，核定损失为40万元，王某就此向保险公司提出赔偿40万元的要求。而保险公司最终理赔结果为32万元。王某不服，将保险公司告上了法庭。

一、保险价值

保险金额与保险价值的辨析

保险价值，是财产保险合同中特有的概念，是指发生保险事故时财产保险标的所具有的价值，也即投保人对保险标的所享有的保险利益在经济上用货币估计的价值额。

（一）保险价值的存在形式

财产保险合同中保险价值的存在形式有两种。

一种为定值保险，即在保险合同中载明保险价值的保险形式。该形式是投保人和保险人在订立财产保险时，对保险标的事先予以估价或约定，并以在合同中写明的价值作为保险标的的保险价值。财产保险合同投保人和保险人基于共同的意思表示对保险标的的保险价值的约定具有法律效力。这种在合同中事先载明保险价值的保险被称为定值保险，这种记载有合同当事人事先确定的保险价值的合同，被称为定值保险合同。对货物运输保险、船舶保险以及飞机保险等多采用定值保险。

另一种为不定值保险，即在订立合同时当事人对保险价值事先不加以确定，而在保险事故发生时，按保险标的在当时的市场实际价值予以确定。这种投保人和保险人在合同中未事先载明保险价值的保险被称为不定值保险。不记载保险价值的合同为不定值保险合同。不定值保险合同仅记载保险金额，对保险标的的实际价值留待需要确定保险赔偿的限度时才估算。财产保险合同大多数采用不定值保险合同。

（二）财产保险合同中保险价值的确定方式

保险价值是保险标的物的实际价值，它有时间性，是一个动态值，决定于市场供求关系的变化，因此对于同样的保险标的物，甚至是同一保险标的物，在不同的时期或在不同的地区会有不同的价值量。此外，由于固定资产的财务折旧、技术进步带来的名义折旧和消费者偏好的改变等因素的影响，就大多数财产来说，同一标的物随着使用时间的延长其保险价值呈现下降的趋势，而并非是一成不变的。当然，在通货膨胀的市场条件下，保险标的物的保险价值可能会以不同寻常的速率增长。

由此，定义保险价值为保险标的物在某一特定时间和某一特定地域的实际市场价值，容易理解又在保险实务中具有现实意义。因为，它更多地体现在发生保险事故后进行理赔定损的过程中。

保险价值确定的方法主要有以下几种。

（1）市价确定。保险价值依照保险标的的市场实际价值决定。市价变动，保险价值随之变动。保险事故发生后，保险人的给付金额不超过保险标的在保险事故发生时市价的总额。

（2）约定。保险价值由双方当事人在参考保险标的市价的情况下约定。保险人在发生保险事故后无须再对保险标的估价，可以直接根据约定的保险价值计算损失。

（3）法定。保险价值依照法律规定的方式计算确定。这种用法律明确规定的计算标准而确定的保险价值被称为法定保险价值。

实践中对财产保险合同保险价值的确定，是以市场估价为原则的，由当事人自己约定的为例外。保险标的能以市价估计的，按市场估价；不能以市价估计的，可以由当事人双方约定其价值。特别是古玩、名人字画等保险标的，由于无一定的市价，只能由当事人双方约定其保险价值。

二、保险金额

保险金额是保险人于保险事故发生时所应承担的赔偿责任的最高限额。实际上，保险金额不仅是保险人承担的最大赔偿责任，而且也是计算保险费的基数。

保险金额与合同双方当事人的权利义务有着密切联系，直接关系着保险人的赔偿额度与被保险人的损失补偿程度，因此，确定最为恰当的保险金额对于双方来说无疑均是一笔好账。在保险经营实践中，财产保险合同的保险金额可以通过下述方法予以确定。

1. 实际价值法

投保人和保险人在订立财产保险合同时，根据保险标的的实际价值水平明确约定保险金额，这与定值保险确定保险标的保险价值时所依据的标准是一致的。使用该方法确定保险金额不影响对保险价值的确定，保险价值仍存在定值与不定值之分。

2. 重置价值法

它是指在财产保险合同中按照保险标的的重置价值来确定保险金额的一种方法。此方法主要是适应被保险人在保险标的因保险事故致损后重置或重建的需要。运用重置价值法确定保险金额并在赔付时按此保险金额为最高限额，并不必然导致超值保险。如被保险人将其所有的一幢旧房屋，按照重置价值法来进行投保，在不定值保险的情形下，如果发生保险事故致损时房屋已升值，则既可能导致保险金额与该保险价值相等的足值保险，也可能导致保险金额小于该保险价值的不足值保险。

3. 账面价值法

此法一般在国内的企业财产保险中适用，指按保险财产的账面价值——资产负债表上的固定资产原值或流动资产余额来确定保险金额。具体操作包括：（1）固定资产保险金额的确定。依照中国人民保险公司制定的《企业财产保险条款》规定，将固定资产投保时，其保险金额确定的方法有：一是可以按账面原值投保，即可以将账面原值作为保险金额；二是由被保险人与保险公司协商按账面原值加成数作为保险金额。（2）流动资产保险金额的确定。根据《企业财产保险条款》的规定，流动资产投保时，可以按最近 12 个月的平均账面余额投保，也可以按最近账面余额投保。就是说，流动资产投保，保险金额的确定有两种方法：一是以近 12 个月的平均账面余额为保险金额；二是以最近账面余额为保险金额。（3）已推销或未列入账面的财产保险金额的确定。这些财产投保时，可以由被保险人与保险公司协商按实际价值投保，即可以将被保险人与保险公司商定的财产实际价值作为保险金额。此种做法实际上不属于用账面价值法确定保险价值，但是是账面价值法的有效补充。

4. 第一危险法

这种方法是双方当事人将第一次保险事故发生能造成的最高损失金额约定为保险金额，表现为不以保险财产的全部实际价值确定保险金额，通常为不足额保险。

三、保险金额与保险价值的关系

一般来说，保险金额以保险标的物的保险价值为根据进行确定，保险价值则是发生保险事故时衡量保险金额是否足额的标准。或者说，保险金额在保险合同生效时已经确定，但保险价值却随时间而变动。因此，即使完全按照保险标的物当时的实际市场价值投保，在通货膨胀或供求关系发生变化的情形下，出险时也可能出现不足额的现象。

保险金额与保险价值在数量关系上有三种情形：一是保险金额大于保险价值的超额保险；二是保险金额等于保险价值的足额保险；三是保险金额小于保险价值的不足额保险。

四、财产保险的赔偿计算标准

确定保险金额与保险价值的最大功能是使得赔偿标准有了适用空间。《保险法》规定了财产保险的赔偿计算标准。根据保险金额与保险价值在数量关系上的不同情形，可区分三种赔偿标准。

在足额保险中，由于保险金额与保险价值相等，所以一方面保险人承担着最高的赔偿责任，另一方面被保险人的利益取得了最圆满的保障。《保险法》第五十五条明确规定："投保人和保险人约定保险标的的保险价值并在合同中载明的，保险标的发生损失时，以约定的保险价值为赔偿计算标准。投保人和保险人未约定保险标的的保险价值的，保险标的发生损失时，以保险事故发生时保险标的的实际价值为赔偿计算标准。"所以，在足额保险中，被保险人因保险事故所发生的实际损失可以获得充分的赔偿，即损失多少赔多少。

在不足额保险的情形下，无论该保险的不足额是何种原因所致，是订约时只以保险标的的价值的一部分投保，抑或是保险合同订立后保险标的的价值上涨了，当发生事故时，因保险合同预定的保险金额只是保险标的的价值的一部分，被保险人就只能得到部分赔偿。《保险法》第五十五条第四款规定：保险金额低于保险价值的，除合同另有约定外，保险人按照保险金额与保险价值的比例承担赔偿保险金的责任。

在超额保险的情形下，《保险法》第五十五条第三款明确规定：保险金额不得超过保险价值；超过保险价值的，超过部分无效，保险人应当退还相应的保险费。即投保人最多只能获得其保险价值相当的赔偿，以避免其不当得利；但为了平衡投保人与保险人之间的利益，保险人应返还超过部分相应的保险费。

➤ **本节内容提要**

保险价值是指发生保险事故时财产保险标的所具有的价值。

保险金额是保险人于保险事故发生时所应承担的赔偿责任的最高限额。

保险金额与保险价值在数量关系上有三种情形：一是保险金额大于保险价值的超额保险，超过部分无效；二是保险金额等于保险价值的足额保险，按实际损失赔偿；三是保险金额小于保险价值的不足额保险，按比例赔偿。

➤ **引例分析**

本案中，因王某与保险公司对最终赔偿金额的认定不同，导致纠纷。

首先，我们先要确定本案中该机器设备的保险价值和保险金额。保险金额是保险人于保险事故发生时所应承担的赔偿责任的最高限额，该机器设备的保险金额双方并无争议，为80万元。

而保险价值是指订立保险合同时或者发生保险事故时财产保险标的所具有的实际价值。由于保险合同订立时，王某与保险公司未对机器设备的价值进行约定，因此该保险价值一般根据事故发生时财产的实际市场价值确定。

本案最终确定赔偿金额的争议焦点是保险标的的保险价值。如果事故发生时机器设备的保险价值为80万~100万元，则属于不足额保险，保险人根据保险金额与保险价值的比例承担赔偿责任，计算结果为32万~40万元。如果机器设备在事故发生时的市场价值发生贬损，价值不超过80万元，则属于足额保险或超额保险，保险人的赔偿金额应等于损失金额，即40万元。

由此可见，确定事故发生时财产标的的价值是解决纠纷的关键，可以通过双方协商或聘请第三方评估等方式解决。

➤ **小结自测**

保险价值是（　　）中特有的概念。

A.财产保险　B.人身保险　C.再保险

2.投保人和保险人在订立财产保险时，对保险标的事先予以估价或约定，并在合同中写明的价值作为保险标的的保险价值的保险称为（　　）。

A.不定值保险　B.定值保险　C.足额保险

3.订立合同时当事人对保险价值事先不加以确定，而在保险事故发生时，按保险标的在当时的市场实际价值予以确定的保险称为（　　）。

A.不定值保险　B.定值保险　C.足额保险

4.根据保险金额与保险价值的数量关系，可分为（　　）。

A.超额保险　B.足额保险　C.不足额保险

5.在（　　）中，保险事故发生后，保险人应当按照损失金额进行赔偿。

A.超额保险　B.足额保险　C.不足额保险

6.在（　　）中，保险事故发生后，保险人应当按照保险金额与保险价值的比例承担赔偿责任。

A.超额保险　B.足额保险　C.不足额保险

➤ 复习题

1.如何确定财产保险标的的保险价值？

2.事故发生后，根据保险金额与保险价值的关系，如何确定最终赔偿金额？

3.2018年年底，张某就一幅名画向某保险公司投保财产保险，约定价值是30万元，保险金额30万元。2019年9月，张某外出度假，回家后发现名画被盗，遂要求保险公司赔偿30万元。保险公司经调查后发现，该名画在过去半年内严重贬值，事故发生时实际价值只有约5万元左右。请问，保险公司应该如何赔偿？

小结自测答案

第五节　重复保险

➤ 学习目标

·掌握重复保险的概念

·掌握重复保险的立法目的

·了解重复保险的法律后果

➤ 引　例

某炼油厂于2018年3月向A保险公司投保企业财产保险，保险期为2年，保险金额为7亿元人民币。炼油厂为了保险起见，又于2018年9月向B保险公司投保保险期间为2年的财产保险，保险金额也是7亿元人民币。炼油厂将在两家保险公司投保的事宜分别告知了A、B保险公司。2019年2月，该炼油厂发生重大事故，遭受重大损失。经评估，炼油厂事故发生时财产价值10亿元，损失共约1.5亿元。

一、重复保险的概念和立法目的

根据《保险法》第五十六条第四款的规定，重复保险是指投保人对同一保险标的、同一保险利益、同一保险事故分别与两个以上保险人订立保险合同，且保险金额总和超过保险价值的保险。

重复保险制度的建立是为了避免通过保险额外获利的可能，从而防止道德风险。

重复保险的立法目的

二、重复保险的构成要件

根据重复保险的概念，可以得到重复保险的构成要件，这些构成要件缺一不可。

（1）须向数个保险人分别订立数个保险合同。

（2）须是同一保险标的上的同一保险利益。

（3）须是同一保险标的上的同一保险事故。

（4）须有保险期间的重叠性，具体可以分为两种情形：一种是全部重叠，即各保险合同的起止时间都相同；另一种是部分重叠，即各保险合同仅部分时间重叠。

（5）总保险金额须超过保险标的的保险价值。

三、重复保险合同中投保人的通知义务

保险的目的在于分散危险、填补损失，而不在于使人获利。重复保险的存在，则可能使被保险人获得较实际损失为多的保险金，从而违反了保险法禁止不当得利的意旨。因而，凭借通知义务，要求投保人需将重复保险的事实通知各保险人，以免在保险事故发生后，各保险人所给付的保险金总和超过被保险人所遭受的实际损失。《保险法》第五十六条第一款规定："重复保险的投保人应当将重复保险的有关情况通知各保险人。"如何理解该条文的含义？我们认为应从以下几个方面来分析。

1. 通知对象

被通知的人为各保险人，所谓各保险人，指承保同一保险标的、同一保险事故的全部保险人，包括前后各个保险人在内。

2. 通知内容

通知内容包括：其他保险人的名称及其保险金额。所谓其他保险人的名称，指受通知的保险人以外的其他各保险人的名称。所谓保险金额，指受通知的保险人以外的其他各保险人所承保的保险金额。举例来说，甲以其房屋投保火灾保险，分别与 M、N、S 三家保险公司订立了火灾保险合同，保险金额各为 50 万元、60 万元、

70万元。当甲与 S 保险公司订立保险合同时，其应就重复保险通知 M、N 两家保险公司；当甲向 M 保险人作重复保险通知时，应告知 N、S 两个保险人的名称，并说明其保险金额分别为 60 万元与 70 万元；当甲向 N 保险人作重复保险通知时，应将 M、S 保险公司的名称告知，并说明其保险金额各为 50 万元与 70 万元。

3. 通知时间

一有重复保险的事实，应立即通知，不得迟延。

四、重复保险的法律效力

《保险法》第五十六条第二、三款规定了重复保险的赔偿方式，即重复保险的各保险人赔偿保险金的总和不得超过保险价值。除合同另有约定外，各保险人按照其保险金额与保险金额总和的比例承担赔偿保险金的责任。重复保险的投保人可以就保险金额总和超过保险价值的部分，请求各保险人按比例返还保险费。

由此可见，对于重复保险的处理，有两个方面的规定。

第一，将超额保险部分作无效处理，投保人有权向各保险人请求退还保险金额超过保险价值部分的保费，各保险人按照其保险金额与保险金额总和的比例退还保险费。

第二，保险事故发生后，各保险人按保险金额与保险金额总和的比例承担保险责任，即采用比例赔付方式进行赔偿。

▶ **本节内容提要**

重复保险是指投保人对同一保险标的、同一保险利益、同一保险事故分别与两个以上保险人订立保险合同，且保险金额总和超过保险价值的保险。

重复保险的各保险人赔偿保险金的总和不得超过保险价值。除合同另有约定外，各保险人按照其保险金额与保险金额总和的比例承担赔偿保险金的责任。

重复保险的投保人可以就保险金额总和超过保险价值的部分，请求各保险人按比例返还保险费。

▶ **引例分析**

根据本案的情况，先要确定炼油厂的投保是否为重复保险。根据《保险法》第五十六条第四款，重复保险是指投保人对同一保险标的、同一保险利益、同一保险事故分别与两个以上保险人订立保险合同，且保险金额总和超过保险价值的保险。本案中，炼油厂向两个保险公司投保企业财产保险，总保险金额为14亿元，保险价值为10亿元，总保险金额超过保险价值，属于重复保险。

确定属于重复保险后即可明确：

（1）炼油厂可以向A和B保险公司分别要求退还超额保险部分的保险费；

（2）炼油厂可以就损失1.5亿元分别向A和B保险公司按照1∶1的比例请求保险金的赔偿，赔偿金额总和不超过1.5亿元。

➤ **小结自测**

1.重复保险是指投保人对同一保险标的、同一保险利益、同一保险事故分别与两个以上保险人订立保险合同，且（　　）的保险。

A.保险价值总和超过保险金额　　B.保险金额总和等于保险价值

C.保险金额总和超过保险价值

2.重复保险制度的立法目的是（　　）。

A.防止道德风险　　B.防止超额保险　　C.防止额外获利

3.以下（　　）不是重复保险的构成要件。

A.投保人向数个保险人共同订立一份保险合同　　B.投保人就同一保险标的投保

C.投保人就同一保险利益投保

4.重复保险的投保人（　　）将重复保险的有关情况通知各保险人。

A.可以　　B.应当　　C.有权

5.重复保险的各保险人赔偿保险金的总和（　　）超过保险价值。

A.可以　　B.不得　　C.应当

6.重复保险中，各保险人按照（　　）承担赔偿保险金的责任。

A.其保险价值与保险金额总和的比例　　B.其保险价值与保险价值总和的比例

C.其保险金额与保险金额总和的比例

➤ **复习题**

1.重复保险的立法目的是什么？

2.重复保险的构成要件包括哪些？

3.何谓重复保险的通知义务？

4.重复保险的法律后果有哪些？

5.小王最近买了一件古董，他爱不释手。为防止出现意外，小王分别找了A保险公司和 B 保险公司投保财产险。他与 A 保险公司约定保险金额 20 万元，与 B 保险公司约定保险金额 10 万元。在订立保险合同时，与 A、B 保险公司都约定了保险价值为 50 万元。请问，小王是否需要将投保的情况分别告知两家保险公司？如果发生意外古董全损，A、B 保险公司应当如何进行赔偿？

小结自测答案

第六节　施救义务及其他费用的补偿

> **学习目标**

- ·掌握施救义务的概念
- ·掌握施救费用的判断标准
- ·掌握施救费用的计算方法
- ·其他费用的补偿

> **引　例**

2018 年 3 月 15 日，浙江某企业投保企业财产保险，2018 年 8 月，一场台风带来大量降雨，厂区积水严重，为了减少损失，企业主管立即雇用临时工将低洼处的货物搬运至高处，避免了部分货物遭受水淹的损失，搬运共花费人工费用约 5 万元人民币。对此保险公司应当如何进行赔付？

一、施救义务

为了在财产保险标的发生事故的第一时间采取措施，以避免损失发生或进一步扩大，被保险人往往被要求采取必要的施救措施。规定施救义务是为了防止被保险人将标的放任于危险之下的一种举措。

《保险法》第五十七条第一款规定："保险事故发生时，被保险人应当尽力采取必要的措施，防止或者减少损失。"可见，施救义务就是指保险合同约定的保险事故发生时，被保险人除及时通知保险人外，还应当采取积极合理的措施，以避免或减少损失。

二、施救费用的产生

如果被保险人履行施救义务，则可能产生一定的费用或导致一定的损失。根据《保险法》第五十七条第二款的规定，保险事故发生后，被保险人为防止或者减少保险标的的损失所支付的必要的、合理的费用，由保险人承担。可见，施救费用的认定是保险人对其进行补偿的前提。

根据上述法律规定，我们可以形成判断施救费用的标准，包括：

第一，在时间上，施救费用的产生须发生在保险事故发生后。在事故发生前所支出的费用，包括管理、预防措施等不属于施救费用。

第二，主观上，被保险人所支出的费用须以防止或减少损失为目的。根据《司法解释（四）》第六条的规定，是否产生实际效果不是施救费用认定的条件。

第三，被保险人所支付的费用限于合理、必要的范围。施救的费用是否合理与必要的判断目前并无权威的解释，通常以一般经验作为判断标准，如果购买施救设备的费用超过可能产生的最大损失，该费用则不宜认定为施救费用。

施救费用的认定标准

三、施救费用的补偿

当施救费用认定后，保险人就得根据《保险法》第五十七条第二款的规定进行补偿。对于补偿金额的限制，上述法律条文明确，保险人所承担的费用数额在保险标的损失赔偿金额以外另行计算，最高不超过保险金额的数额。即当施救费用低于保险金额时为足额补偿，但当施救费用超过保险金额时，则为不足额补偿。

四、承担必要、合理的调查费用的义务

根据《保险法》第六十四条的规定，保险人、被保险人为查明和确定保险事故的性质、原因和保险标的的损失程度所支付的必要的、合理的费用，由保险人承担。

一般来说，财产保险事故一旦发生，除了财产可能遭受的实际损失需要保险公司进行补偿外，事故原因和损失程度等的勘查及调查所产生的费用亦是因保险事故所导致的间接损失。为了贯彻损失补偿原则，让被保险人能够获得足额补偿，上述费用由保险人承担。

五、承担责任保险仲裁或者诉讼费用的义务

根据《保险法》第六十六条的规定，责任保险的被保险人因给第三者造成损害的保险事故而被提起仲裁或者诉讼的，被保险人支付的仲裁或者诉讼费用以及其他必要的、合理的费用，除合同另有约定外，由保险人承担。

由于责任保险以被保险人对第三者依法应负的赔偿责任为保险标的，责任的存在与否以及赔偿责任的具体金额在很多情况下需要通过诉讼或仲裁方式确定，可能产生相应的费用。基于损失补偿原则，为了对被保险人进行足够的补偿，上述费用由保险人承担。

关于责任保险的详细阐释请见本章第九节。

> **本节内容提要**

保险合同约定的保险事故发生时，被保险人除及时通知保险人外，还应当采取积极合理的措施，以避免或减少损失。

保险事故发生后，被保险人为防止或者减少保险标的的损失所支付的必要的、合理的费用，由保险人承担。

> **引例分析**

本案例中，企业由于台风导致的财产损失属于企业财产保险责任范围，保险公司理应根据保险合同作出相应赔偿。

至于企业雇用临时工人搬运货物的费用，首先要判断是否属于施救费用。根据《保险法》第五十七条第二款，保险事故发生后，被保险人为防止或者减少保险标的的损失所支付的必要的、合理的费用，由保险人承担。

由案情可见，企业雇用临时工人是为了减少货物的水淹损失，属于企业常见的施救措施，在合理、必要的范围内，保险公司理应进行赔偿。

> **小结自测**

1.保险事故发生时，（   ）应当尽力采取必要的措施，防止或者减少损失。

A.投保人   B.被保险人   C.受益人

2.保险事故发生后，被保险人为防止或者减少保险标的的损失所支付的（   ）费用，由保险人承担。

A.必要的   B.低于损失的   C.合理的

3.保险人所承担的施救费用数额最高不超过（　　）。

A.保险价值　　B.损失金额　　C.保险金额

4.施救措施产生实际效果（　　）被保人请求保险人承担施救费用的前提条件。

A.不是　　B.是　　C.可以成为

5.保险人、被保险人为查明和确定保险事故的性质、原因和保险标的的损失程度所支付的必要的、合理的费用，由（　　）承担。

A.投保人　　B.被保险人　　C保险人

6.责任保险的被保险人因给第三者造成损害的保险事故而被提起仲裁或者诉讼的，除合同另有约定外，由被保险人支付的仲裁或者诉讼费用以及其他必要的、合理的费用，由（　　）承担。

A.第三者　　B.保险人　　C被保险人

▶ **复习题**

1.被保险人该如何适当履行施救义务？

2.施救费用的判断标准是什么？

3.除了施救费用，财产保险事故发生后，保险人还需要承担哪些间接费用？

4.某运输公司司机王某驾驶货车在山路上行驶，忽遇路面滑坡，车辆顺势滑至坡下20余米处，所幸王某没有受伤。王某下车后发现车子还有可能继续下滑，就从工具箱中取出千斤顶，想把车子的前部顶起来防止其继续下滑。就在王某操作千斤顶时，车辆忽然下滑，王某躲闪不及，被车辆压住，导致腰椎骨折。事故发生后，运输公司迅速向保险公司报案，并提出索赔请求。保险公司业务人员在核赔时确认了车辆损失金额，但认为王某的伤残费用不属于施救费用，拒绝赔偿，运输公司遂向法院起诉。请问保险公司的做法对吗？

小结自测答案

第七节　物上代位

▶ **学习目标**

·掌握物上代位的概念

·掌握物上代位的法律后果

➤　　引　例

2018年8月2日，张某为自己的私家车向某保险公司投保了足额车辆损失险附加盗抢险，保险期间1年。2018年12月2日，张某发现自己的车被盗，立即报案。警方经过数日调查无法破案，保险公司遂按照全损赔偿。半年后，该失车被警方发现后通知保险公司和张某，保险公司主张张某取回车辆，并退还赔款。

一、物上代位的概念

根据我国《保险法》第五十九条的规定，保险事故发生后，保险人已支付了全部保险金额，并且保险金额等于保险价值的，受损保险标的的全部权利归于保险人；保险金额低于保险价值的，保险人按照保险金额与保险价值的比例取得受损保险标的的部分权利。物上代位是财产保险损失补偿原则的派生规则。

由上述法律规定可知，物上代位是指保险标的遭受保险金给付义务范围内的损失，保险人依保险金额完全给付后，依法取得该标的的所有权。

二、物上代位的情形

物上代位权产生的两种情形是实际全损和推定全损。

实际全损也称绝对全损，是指保险标的失去原有的形态、效用，或者不能再归被保险人拥有。保险标的发生实际全损，保险人按照实际全损赔偿保险金额后，即取得该保险标的的残值的所有权。

推定全损一般指保险标的受损后并未全损，是可以修复或可以收回的，但所花的费用将超过获救后保险标的的价值，因此得不偿失。《保险法》对推定全损并无明确规定，参照《中华人民共和国海商法》（以下简称《海商法》）第二百四十六条的规定，当保险标的具有下列情形之一时，即可适用推定全损：一是认为实际全损已经不可避免；二是为了避免发生船舶实际全损所需支付的费用超过保险价值的；三是为避免货物发生实际全损所需支付的费用与继续将货物运抵目的地的费用之和超过保险价值的。在推定全损的情况下，保险人可以选择按照部分损失还是全部损失进行赔偿，一旦选择按照全部损失赔偿并支付了全部保险金额，则取得保险标的的所有权。

三、物上代位的构成要件

根据《保险法》的规定，物上代位有以下两种构成要件：

（1）保险事故发生，产生实际全损或者推定全损的情况；

（2）保险人已经支付全部保险金额。

四、物上代位的法律后果

根据《保险法》第五十九条的规定，在足额保险中，保险人取得受损保险标的的全部所有权；在不足额保险中，保险人按照保险金额与保险价值的比例取得受损标的的部分所有权。

对被保险人而言，在物上代位权成立时，其获得了按照财产保险合同约定的全额保险赔偿，这是适用物上代位权的根本目的。

➤ **本节内容提要**

物上代位是指保险标的遭受保险金给付义务范围内的损失，保险人依保险金额完全给付后，依法取得该标的的所有权。

物上代位权产生的两种情形是实际全损和推定全损。

➤ **引例分析**

本案是因财产保险标的失而复得产生的赔偿纠纷。

张某在投保机动车辆时附加了盗抢险，因车被盗导致的损失属于保险公司理应赔偿的范围。本案中，保险公司也确实按照全损向张某进行了全额赔偿。

双方争议的焦点是失车找回后的所有权归属问题。根据《保险法》第五十九条的规定，保险公司进行全额赔偿后，即取得了保险标的的所有权。因此，本案中，保险公司在向张某全额赔偿的同时就取得了该失车的所有权，被找回的车是属于保险公司的财产，保险公司不得要求张某取回失车并退回赔款。

➤ **小结自测**

1.保险事故发生后，保险人已支付了全部保险金额，并且保险金额等于保险价值的，受损保险标的的全部权利归于（　　）。

A.被保险人　　B.保险人　　C.投保人

2.财产保险标的的全损分为（　　）和（　　）。

A.实际全损　　B.推定全损　　C.部分损失

3.在物上代位制度里，（　　）中的保险人取得受损标的的全部所有权。

A.足额保险　　B.不足额保险　　C.定值保险

4.在物上代位制度里，不足额中的保险人（　　）受损标的的全部所有权。

A.丧失　　B取得　　C.按保险金额与保险价值比例取得

➤ **复习题**

1.简述什么是物上代位制度。

2.如何区分实际全损和推定全损？

3.2019年7月，某企业将一辆公务用车投保足额的机动车辆保险。投保后3个月的一天，该车在高速公路发生严重交通事故，现场经保险公司评估定损，车辆损毁严重，决定全额赔偿，后将受损车辆拖至企业厂区停放。数日后，该企业负责人见该车停放碍事，于是将该残车以5000元的价格出售。请问这样的做法合法吗？

小结自测答案

第八节　权利代位

➤ **学习目标**

· 了解代位制度的立法目的

· 掌握权利代位的概念

· 掌握权利代位的法律后果

➤ **引　例**

史某为自己的机动车向保险公司投保机动车辆保险，在保险合同有效期间的一天，史某驾车时被后车追尾，史某跳下车后发现追尾的是其好朋友常某，遂转怒为笑，称我的车已经保了险，我找保险公司赔偿，你就不要管了。保险公司在履行赔偿手续时要求史某告知肇事者的姓名以便行使代位索赔权，但是史某称肇事者是自己的朋友，已经说不要她赔偿了，保险公司听说此情况后就拒绝赔偿。

一、权利代位的概念

权利代位，又称"代位求偿权"，是指在财产保险中，保险标的由于第三者责任导致保险损失，保险人向被保险人支付保险赔款后，依法取得对第三者的请求赔偿权利。它是保险损失补偿原则派生的代位原则的核心。《保险法》第六十条明确了权利代位在财产保险合同中的适用。

代位制度的立法目的

二、权利代位的构成要件

构成保险法意义上的代位求偿权，要遵循以下几个要件：（1）被保险标的发生的损害必须是由于第三者的行为引起；（2）被保险人必须对第三者享有赔偿请求权；（3）被保险人发生损害赔偿请求权的原因事实属于保险事故；（4）保险人已经按合同的规定对被保险人履行了赔偿义务；（5）代位行使的权利，以该权利性质上不具有人身专属性为限；（6）代位权应向对被保险人负有损害赔偿责任的人行使。

三、权利代位的行使

保险代位求偿权的行使，必须严格遵循法律的有关规定。

第一，保险人以自己的名义行使代位求偿权。根据《司法解释（二）》第十六条的规定，保险人应以自己的名义行使保险代位求偿权。因为，代位求偿权本质上是一种债权的转移，即被保险人将其享有的债权——损害赔偿请求权转移给保险人，原债权债务关系的内容不变，但其债权人变更为保险人，因此，保险人作为新的独立的债权人，应当以自己的名义向债务人（即负有责任的第三人）求偿。

第二，保险人的代位求偿权应当向对保险标的的损失负有民事赔偿责任的第三人行使。但是，根据我国《保险法》第六十二条的规定，如果第三人为被保险人的家庭成员或者其组成人员，除非该第三人故意造成保险事故而致被保险人损害，保险人不能对之行使代位权。

为了保护被保险人的利益，对被保险人的家庭成员，应当作广义的解释。在我国法律上，被保险人的家庭成员应当以与被保险人共同生活且彼此负有抚养义务的人为限，包括配偶和共同生活的血亲，或者是共同生活的姻亲，以及虽非共同生活但负有法定抚养义务的人，主要有夫妻、父母、子女、祖父母、外祖父母、孙子女、外孙子女、兄弟姐妹等。对被保险人的组成人员，应当作狭义解释，是指为被保险人的利益或者受被保险人的委托或者与被保险人有某种特殊法律关系而进行活动的人，包括被保险人的雇用人员、合伙人、代理人等。在雇用关系中，被雇用人从事雇用活动的后果由雇主承担，如果雇用人的行为导致了保险事故的发生，保险公司在赔偿了雇主的损失后，又向被雇用人追偿，被雇用人的责任应当由雇主来承担，这样一来，雇主从保险人处取得的赔偿，又通过承担被雇用人的责任的方式还给了保险人，实际上还是自己承担了责任。在个人合伙关系中，如果部分合伙人的行为导致合伙组织发生保险事故，保险公司在赔偿了合伙组织后，还可以向该部分合伙人追偿。由于合伙人需对合伙组织的债务承担无限连带责任，所以实际上等于全体合伙人自己承担责任。在代理关系中，代理人的行为由委托人承担，如果代理人的行为导致了保险事故，保险公司在赔偿了委托人后还可以向代理人追偿，由于委托人是代理人行为的责任承担者，所以等于委托人自己承担了责任。由上所述可知，若是在这些情况下仍然适用代位求偿权，事实上与保险的弥补损失本义相违背，因此，对这些情况下的代位求偿进行限制具有现实的必要性。

第三，保险代位求偿权的取得是由于保险人履行了赔偿义务，设立代位求偿权的目的在于保护被保险人的利益，同时也防止其获得双重利益，避免道德危险。所以对保险人在代位追偿中的权益范围要进行限制：（1）保险人在代位追偿中享有的权益以其对被保险人赔偿的金额为限；（2）当第三者造成的损失大于保险人支付的赔偿金额时，被保险人有权就未取得赔偿的部分对第三者请求赔偿。

第四，被保险人有协助义务，同时对被保险人的过错行为也有相应惩罚。按照《保险法》第六十三条的规定，在保险人向第三人行使代位赔偿请求权时，被保险人应当向保险人提供必要的文件和所知道的有关情况。被保险人应当提供的文件包括保险事故发生的时间、性质、损失程度、被保险人向第三人的赔偿请求文件、第三人否认或承认赔偿责任的证明文件等。此外，被保险人还应当向保险人开具权利让与证书。

被保险人的过错行为主要有被保险人违反协助义务和被保险人放弃对第三人的求偿权。对于前者，保险人可以相应扣减保险金；对于后者，区分赔付前和赔付后这两种情形处理。《保险法》第六十一条规定：保险事故发生后，保险人未赔偿保险金之前，被保险人放弃对第三者请求赔偿的权利的，保险人不承担赔偿保险金的责任。保险人向被保险人赔偿保险金后，被保险人未经保险人同意放弃对第三者请求赔偿的权利的，该行为无效。

➤ **本节内容提要**

代位求偿权本质上是一种债权的转移，即被保险人将其享有的债权——损害赔偿请求权转移给保险人，保险人作为新的独立的债权人，以自己的名义向债务人（即负有责任的第三人）请求赔偿。

如果第三人为被保险人的家庭成员或者组成人员，除非该第三人故意造成保险事故而致被保险人损害，保险人不能对之行使代位求偿权。

保险人在代位求偿中享有的权益以其对被保险人赔偿的金额为限，当第三者造成的损失大于保险人支付的赔偿金额时，被保险人有权就未取得赔偿的部分对第三者请求赔偿。

保险事故发生后，在保险人未赔偿保险金之前，被保险人放弃对第三者的请求赔偿的权利的，保险人不承担赔偿保险金的责任。保险人向被保险人赔偿保险金后，被保险人未经保险人同意放弃对第三者请求赔偿的权利的，该行为无效。

➤ **引例分析**

本案是典型的被保险人妨碍保险人的代位求偿权行使而产生的纠纷。

引例的事故中，常某追尾负全责，属于保险人在权利代位体系中可以进行代位求偿的对象。但是史某单方面放弃要求对方承担责任的权利，使得保险公司无法取得代位求偿权。

根据《保险法》第六十一条第一款的规定，保险事故发生后，保险人未赔偿保险金之前，被保险人放弃对第三者请求赔偿的权利的，保险人不承担赔偿保险金的责任。由于史某在保险公司赔偿前放弃要求第三者赔偿的权利，保险公司可以拒绝向史某进行赔偿，于法有据。

➤ **小结自测**

因第三者对保险标的的损害而造成保险事故的，保险人自向被保险人赔偿保险金之日起，在（　　）范围内代位行使被保险人对第三者请求赔偿的权利。

A.损失金额　　B.赔偿金额　　C.保险金额

2.保险人行使代位请求赔偿权后，被保险人（　　）就未取得保险人赔偿的部分向第三者请求赔偿。

A.必须　　B.可以　　C.不得

3.保险人应以（　　）的名义行使保险代位求偿权。

A.被保险人　　B.投保人　　C.自己

4.保险人一般不得对被保险人的（   ）行使代位请求赔偿的权利。

A.家庭成员   B.近亲属   C.组成成员

5.保险人向第三者行使代位请求赔偿的权利时，（   ）应当向保险人提供必要的文件和所知道的有关情况。

A.被保险人   B.受益人   C.投保人

6.保险人向被保险人赔偿保险金后，被保险人未经保险人同意放弃对第三者请求赔偿的权利的，（   ）。

A.退还保险金   B.保险人不承担赔偿保险金的责任   C.该行为无效

7.保险事故发生后，保险人未赔偿保险金之前，被保险人放弃对第三者请求赔偿的权利的，（   ）。

A.保险人有权解除合同   B.保险人不承担赔偿保险金的责任   C.该行为无效

► **复习题**

1.简述代位求偿权制度。

2.第三者造成的保险事故中，被保险人放弃要求第三人赔偿权利的，可能产生怎样的法律后果？

3.2019年6月15日，个体运输户王某为自己的货车投保车辆损失险和第三者责任险，保险期限为1年。当年7月20日，王某运货，在高速公路上与一辆强行超车的大卡车相撞，肇事司机逃逸。交通部门认定，此起交通事故由卡车司机负全责。事后王某向保险公司报案并请求赔偿。经鉴定车损为5万元，保险公司依损失额的80％赔付4万元。后来肇事司机被交通部门抓获，交通部门通知王某。王某与肇事司机会面达成协议，约定对方只需支付王某货物损失7000元。保险公司得知后，要求王某退回重赔保险金，王某拒绝，双方遂引起争议。请问本案谁对谁错？

小结自测答案

第九节　责任保险

► **学习目标**

·掌握责任保险的概念

·了解责任保险制度的特征

·掌握责任保险赔偿的相关法律规定

> **引 例**

2018 年 1 月 26 日，张某在驾车过程中注意力不集中，不慎追尾李某的车，造成李某车辆损失，根据交警的责任认定，张某应承担事故的全部责任。几日后，李某的车修复，要求张某赔偿车辆修理费用 3000 余元，张某拒绝，认为自己已经投保足额的第三者责任险，应由保险公司直接承担，李某应向保险公司要求赔偿，不应找自己要钱。遂成纠纷。

一、责任保险的概念和特征

责任保险，又称第三者责任保险，是以被保险人对第三者依法应负的赔偿责任为保险标的的保险。《保险法》第六十五条第四款对责任保险进行了明确定义。

责任保险属于财产保险，但与一般财产保险相比又有如下基本特征。

（1）责任保险合同具有双重保障功能，保障第三者和被保险人因保险事故可能遭受的损失。

（2）责任保险的标的为一定范围内的损害赔偿责任。此种赔偿责任，须具备以下要件：

1）被保险人对第三者应负的赔偿责任；

2）依法应负的赔偿责任，包括侵权行为、债务不履行、法律直接规定、由于合同约定的责任，其中以合同责任与侵权责任为主。合同责任是指合同当事人未履行或不当履行造成损失而应当承担的赔偿责任。合同责任的发生不以违约人的主观过错为条件，违约损害赔偿责任是否为意外责任，以违约责任发生的实际情形加以判断。侵权责任是指因行为人侵犯公民、法人人身权利或财产权利所应承担的法律后果。被保险人对第三者的侵权损害赔偿责任有过失责任与无过失责任之分。过失责任，是指行为人应当预见而未预见或是预见到但轻信可以避免而给受害人造成的损失，行为人因此应承担的责任。作为责任保险标的的过失责任，是被保险人因过失违反法定义务或者社会公共道德准则，给受害人造成人身伤亡或财产损失，从而应对受害人承担的赔偿责任，是责任保险标的的主要构成部分。无过失责任，是即使行为人无过失，但法律规定应当对他人遭受的损害承担的责任。

3）依法应负的民事赔偿责任。至于刑事责任、行政责任不得为责任保险的标的，否则有违保险的目的。

4）系过失行为所生的责任。原则上故意行为不在责任保险的范围之内。

（3）保险赔偿金限额给付。在一般财产保险中，保险人的赔偿金额由保险人根据投保方式、保险金额、损失金额等因素确定；而在责任保险中，保险标的不具有实体性，保险人对其所承担的各种责任风险及其可能导致的经济赔偿责任的大小无法采用保险金额的方式来确定。保险人不可能确切地知道保险合同约定的保险事故可能造成损害的大小，也不可能约定给被保险人造成多大损害就赔偿多少。所以，在成立保险合同时，投保人和保险人只能约定保险责任的最高限额。赔偿责任产生后，保险人在决定赔偿金额时要受到责任限额的约束。

二、责任保险的第三者

（一）第三者的概念及范围确定

责任保险的第三者，是指责任保险合同当事人以外的、因被保险人的疏忽或过失行为而受损害，从而对被保险人享有损害赔偿请求权的人。责任保险为第三者保险，责任保险合同为第三者利益合同，因此，第三者的确定有重要意义。

责任保险合同中第三者的范围，因责任保险种类的不同而不同，但都是以对被保险人享有损害赔偿请求权的受害人为限。基于侵权的责任保险，受害的第三者具有绝对性，范围很广。如公众责任险的第三者为不特定的人，加害人的加害行为是对社会公众利益的侵犯，正因为如此，所以该险种被称为公众责任险。产品责任险的第三者为购买者、使用者、消费者或其他受害者。大多数国家尤其是美国对产品责任实行的是无过错责任，受害者即便是过路行人，与产品的生产者、销售者等无任何合同关系，亦可获保险赔偿。第三者责任险主要包括运输工具第三者责任险和工程项目第三者责任险。该责任险中第三者的范围也不确定。只有发生了交通事故或工程项目责任事故，第三者才得以确定。环境责任险中的第三者更是不确定的多数人。因为环境污染涉及面非常广，如水污染、噪声污染、大气污染等，居住在该污染地区的人都有可能成为受害者。在雇主责任保险合同中，第三者就是雇员。以企业、公司等所聘用的员工为雇主责任保险中的第三者，是雇主责任保险区别于其他责任保险的重要特征。雇主对雇员的损害赔偿不一定都是由侵权造成的。雇主对雇员承担损害赔偿责任，法律上有规定的，按法律规定办理；法律上无明确规定的，按雇用合同办理。

基于合同责任的责任保险，其受害的第三者具有相对性，范围较确定。如承运人责任险中的第三者为乘坐汽车、火车、飞机、轮船等运输工具的乘客。旅行社责任险中的第三者为参加旅行社组织的旅游活动的旅游者。基于合同的规定，旅行社对旅游者的人身和财产安全负有照顾义务。但对于旅游者在自行终止旅行社安排的旅游行程后，或在不参加双方约定的活动而自行活动的时间内，发生的人身、财产损害，旅行社不承担赔偿责任。

责任保险中第三者的范围，可因法律的规定或合同的约定而受到限制。

（二）责任保险对第三者利益的保护

责任保险对第三者利益的保护主要表现在两个方面：一是依据法律规定或合同约定，受害第三者对保险人享有直接的保险金请求权；二是保险人在进行保险金赔付时对第三者应尽必要的注意义务。

《保险法》第六十五条多处明确了对于第三者利益的保护。

（1）法律赋予受害第三者对保险人的直接请求权。

责任保险的双重保障功能

1）第三者享有损害赔偿请求权和保险金请求权这双重保障，两种请求权可择一行使，既可以向侵害人（被保险人）索赔，也可以向保险人索赔。如果保险人在保险金额范围内对第三者的给付不足以弥补其损失时，则第三者还可向被保险人索赔余额。

2）在被保险人因破产、清算等情况而赔付不能时，第三者享有的直接请求权可使其损失从保险人处得到补偿，不致因被保险人的破产而使其损失赔偿的希望落空。

（2）在保险事故发生后，被保险人尚未对第三者赔付全部赔偿金的，保险人可留置保险赔偿金，不向被保险人进行赔偿，以保证第三者利益得到保障。

三、责任保险的保险赔偿

责任保险合同的保险人赔款不仅控制在责任限额内，而且控制在第三者损失或被保险人赔偿的金额内。在各国的保险实践中，保险人对被保险人承担的赔偿额，其根据主要有三：一是法院判决被保险人应该赔偿的数额；二是有关当局裁定被保险人应该赔偿的金额；三是被保险人与受害人达成的协议并经保险人同意应对受害人支付的赔款额。被保险人与受害人未经保险人同意而达成的协议对保险人不产生约束力。法院或有关当局的判决或裁定的赔款若超过保险单规定限额，超过限额部分由被保险人自行负担。

在责任保险合同中，保险人承担的赔偿组成内容一般包括以下两个方面：一是被保险人依法对造成他人财产损失或人身伤亡应承担的经济赔偿责任。这是赔偿的基本部分，它以受害人的损害程度及索赔金额为依据，以保险单上的赔偿限额为最高赔付额。二是因赔偿纠纷引起的由被保险人支付的诉讼、律师费用以及其他事先经由保险人同意支付的费用。

四、责任保险合同的常见分类

责任保险合同通常可以分为以下几种。

（一）雇主责任保险合同

雇主责任保险合同，即以投保人（雇主）对雇员在雇用期间因人身伤亡依法应承担的赔偿责任为保险标的的保险合同。

（二）公众责任保险合同

公众责任保险合同，即以投保人因意外事故造成第三者人身伤亡或财产损失而依法应承担的赔偿责任为保险标的的保险合同。

（三）产品责任保险合同

产品责任保险合同，即以投保人因其产品的质量缺陷致使产品使用者或消费者遭受人身伤亡或财产损失而依法应承担的赔偿责任为保险标的的保险合同。

（四）职业责任保险合同

职业责任保险合同，即以投保人因职业工作中的过失致使他人遭受人身伤亡或财产损失而依法承担的赔偿责任为保险标的的保险合同。

➤ **本节内容提要**

责任保险是以被保险人对第三者依法应负的赔偿责任为保险标的的保险。

责任保险具有双重保障功能，并突出对第三者利益的保护。

➤ **引例分析**

本案中，张某与李某的纠纷核心在于张某是否可以基于第三者责任保险的存在而免除向李某进行赔偿的义务。

　　根据《保险法》第六十五条第四款的规定，责任保险是指以被保险人对第三者依法应负的赔偿责任为保险标的的保险。张某虽然投保了足额的第三者责任险，但张某对李某的损失赔偿责任并未得到豁免，从法律关系的角度来讲，李某有权利选择向张某或保险公司之一请求赔偿，并可就保险公司赔偿不足部分继续向张某请求赔偿。

　　《保险法》第六十五条多处明确了对第三者利益的保护，如第三者可以直接向保险人请求赔偿，被保险人未向第三者赔偿的，保险人不得向被保险人赔偿保险金等。

　　鉴于上述分析，李某可以选择继续要求张某承担赔偿责任，张某赔偿后可向保险公司要求赔偿。李某也可以选择向保险公司直接请求赔偿，赔偿不足部分可以继续要求张某承担责任。

➤ **小结自测**

　　1.责任保险是指以（　　）依法应负的赔偿责任为保险标的的保险。

　　A.保险人对被保险人　　　B.被保险人对第三者　　　C.第三者对被保险人

　　2.保险人对责任保险的被保险人给第三者造成的损害，可以依照法律的规定或者合同的约定，直接向（　　）赔偿保险金。

　　A.投保人　　B.被保险人　　C.该第三者

　　3.责任保险的被保险人给第三者造成损害，被保险人未向该第三者赔偿的，保险人（　　）向被保险人赔偿保险金。

　　A.可以　　B.不得　　C.应当

　　4.责任保险合同具有双重保障功能，指的是保障（　　）和（　　）的利益。

　　A.第三者　　B.被保险人　　C.投保人

　　5.第三者从保险公司处获得的赔偿不足以弥补损失的，（　　）要求被保险人承担其应承担的责任。

　　A.必须　　B.不得　　C.可以

➤ **复习题**

　　1.简述责任保险主要的保障对象。

　　2.《保险法》第六十五条是如何保护第三者利益的？

　　3.简述责任保险的主要分类。

　　4.某市刘老太委托一律师事务所为其制作代书遗嘱，以约定自己过世后的财产全部由其大儿子徐某继承。律师事务所派王姓律师协助刘老太办理相关代书遗嘱事宜。过了半年多，刘老太病逝，丧事完毕后，子女对遗嘱产生争议，诉诸法院。

　　法院经审理认为，该代书遗嘱不符合法定遗嘱条件，应当认定为无效遗嘱，最后判决刘老太的遗产按照法定继承的方式继承，由三个子女均分。徐先生愤而将该律师事务所告上法庭，要求其承担自己的损失。该律师事务所曾投保律师执业责任保险，且该案属于保险期限内。

　　请问，若律师事务所败诉，保险公司是否应当承担该律师事务所由此产生的经济损失？

小结自测答案

附　录

中华人民共和国保险法

（1995 年 6 月 30 日第八届全国人民代表大会常务委员会第十四次会议通过；根据 2002 年 10 月 28 日第九届全国人民代表大会常务委员会第三十次会议《关于修改〈中华人民共和国保险法〉的决定》第一次修正；2009 年 2 月 28 日第十一届全国人民代表大会常务委员会第七次会议修订；根据 2014 年 8 月 31 日第十二届全国人民代表大会常务委员会第十次会议《关于修改〈中华人民共和国保险法〉等五部法律的决定》第二次修正；根据 2015 年 4 月 24 日第十二届全国人民代表大会常务委员会第十四次会议《关于修改〈中华人民共和国计量法〉等五部法律的决定》第三次修正）

目　录

第一章　总　则

第一条　为了规范保险活动，保护保险活动当事人的合法权益，加强对保险业的监督管理，维护社会经济秩序和社会公共利益，促进保险事业的健康发展，制定本法。

第二条　本法所称保险，是指投保人根据合同约定，向保险人支付保险费，保险人对于合同约定的可能发生的事故因其发生所造成的财产损失承担赔偿保险金责任，或者当被保险人死亡、伤残、疾病或者达到合同约定的年龄、期限等条件时承担给付保险金责任的商业保险行为。

第三条　在中华人民共和国境内从事保险活动，适用本法。

第四条　从事保险活动必须遵守法律、行政法规，尊重社会公德，不得损害社会公共利益。

第五条　保险活动当事人行使权利、履行义务应当遵循诚实信用原则。

第六条　保险业务由依照本法设立的保险公司以及法律、行政法规规定的其他保险组织经营，其他单位和个人不得经营保险业务。

第七条　在中华人民共和国境内的法人和其他组织需要办理境内保险的，应当向中华人民共和国境内的保险公司投保。

第八条　保险业和银行业、证券业、信托业实行分业经营、分业管理，保险公司与银行、证券、信托业务机构分别设立。国家另有规定的除外。

第九条　国务院保险监督管理机构依法对保险业实施监督管理。

国务院保险监督管理机构根据履行职责的需要设立派出机构。派出机构按照国务院保险监督管理机构的授权履行监督管理职责。

第二章　保险合同

第一节　一般规定

第十条　保险合同是投保人与保险人约定保险权利义务关系的协议。

投保人是指与保险人订立保险合同，并按照合同约定负有支付保险费义务的人。

保险人是指与投保人订立保险合同，并按照合同约定承担赔偿或者给付保险金责任的保险公司。

第十一条　订立保险合同，应当协商一致，遵循公平原则确定各方的权利和义务。

除法律、行政法规规定必须保险的外，保险合同自愿订立。

第十二条　人身保险的投保人在保险合同订立时，对被保险人应当具有保险利益。

财产保险的被保险人在保险事故发生时，对保险标的应当具有保险利益。

人身保险是以人的寿命和身体为保险标的的保险。

财产保险是以财产及其有关利益为保险标的的保险。

被保险人是指其财产或者人身受保险合同保障，享有保险金请求权的人。投保人可以为被保险人。

保险利益是指投保人或者被保险人对保险标的具有的法律上承认的利益。

第十三条　投保人提出保险要求，经保险人同意承保，保险合同成立。保险人应当及时向投保人签发保险单或者其他保险凭证。

保险单或者其他保险凭证应当载明当事人双方约定的合同内容。当事人也可以约定采用其他书面形式载明合同内容。

依法成立的保险合同，自成立时生效。投保人和保险人可以对合同的效力约定附条件或者附期限。

第十四条 保险合同成立后，投保人按照约定交付保险费，保险人按照约定的时间开始承担保险责任。

第十五条 除本法另有规定或者保险合同另有约定外，保险合同成立后，投保人可以解除合同，保险人不得解除合同。

第十六条 订立保险合同，保险人就保险标的或者被保险人的有关情况提出询问的，投保人应当如实告知。

投保人故意或者因重大过失未履行前款规定的如实告知义务，足以影响保险人决定是否同意承保或者提高保险费率的，保险人有权解除合同。

前款规定的合同解除权，自保险人知道有解除事由之日起，超过三十日不行使而消灭。自合同成立之日起超过二年的，保险人不得解除合同；发生保险事故的，保险人应当承担赔偿或者给付保险金的责任。

投保人故意不履行如实告知义务的，保险人对于合同解除前发生的保险事故，不承担赔偿或者给付保险金的责任，并不退还保险费。

投保人因重大过失未履行如实告知义务，对保险事故的发生有严重影响的，保险人对于合同解除前发生的保险事故，不承担赔偿或者给付保险金的责任，但应当退还保险费。

保险人在合同订立时已经知道投保人未如实告知的情况的，保险人不得解除合同；发生保险事故的，保险人应当承担赔偿或者给付保险金的责任。

保险事故是指保险合同约定的保险责任范围内的事故。

第十七条 订立保险合同，采用保险人提供的格式条款的，保险人向投保人提供的投保单应当附格式条款，保险人应当向投保人说明合同的内容。

对保险合同中免除保险人责任的条款，保险人在订立合同时应当在投保单、保险单或者其他保险凭证上作出足以引起投保人注意的提示，并对该条款的内容以书面或者口头形式向投保人作出明确说明；未作提示或者明确说明的，该条款不产生效力。

第十八条 保险合同应当包括下列事项：

（一）保险人的名称和住所；

（二）投保人、被保险人的姓名或者名称、住所，以及人身保险的受益人的姓名或者名称、住所；

（三）保险标的；

（四）保险责任和责任免除；

（五）保险期间和保险责任开始时间；

（六）保险金额；

（七）保险费以及支付办法；

（八）保险金赔偿或者给付办法；

（九）违约责任和争议处理；

（十）订立合同的年、月、日。

投保人和保险人可以约定与保险有关的其他事项。

受益人是指人身保险合同中由被保险人或者投保人指定的享有保险金请求权的人。投保人、被保险人可以为受益人。

保险金额是指保险人承担赔偿或者给付保险金责任的最高限额。

第十九条 采用保险人提供的格式条款订立的保险合同中的下列条款无效：

（一）免除保险人依法应承担的义务或者加重投保人、被保险人责任的；

（二）排除投保人、被保险人或者受益人依法享有的权利的。

第二十条 投保人和保险人可以协商变更合同内容。

变更保险合同的，应当由保险人在保险单或者其他保险凭证上批注或者附贴批单，或者由投保人和保险人订立变更的书面协议。

第二十一条 投保人、被保险人或者受益人知道保险事故发生后，应当及时通知保险人。故意或者因重大过失未及时通知，致使保险事故的性质、原因、损失程度等难以确定的，保险人对无法确定的部分，不承担赔偿或者给付保险金的责任，但保险人通过其他途径已经及时知道或者应当及时知道保险事故发生的除外。

第二十二条 保险事故发生后，按照保险合同请求保险人赔偿或者给付保险金时，投保人、被保险人或者受益人应当向保险人提供其所能提供的与确认保险事故的性质、原因、损失程度等有关的证明和资料。

保险人按照合同的约定，认为有关的证明和资料不完整的，应当及时一次性通知投保人、被保险人或者受益人补充提供。

第二十三条 保险人收到被保险人或者受益人的赔偿或者给付保险金的请求后，应当及时作出核定；情形复杂的，应当在三十日内作出核定，但合同另有约定的除外。保险人应当将核定结果通知被保险人或者受益人；对属于保险责任的，在与被保险人或者受益人达成赔偿或者给付保险金的协议后十日内，履行赔偿或者给付保险金义务。保险合同对赔偿或者给付保险金的期限有约定的，保险人应当按照约定履行赔偿或者给付保险金义务。

保险人未及时履行前款规定义务的，除支付保险金外，应当赔偿被保险人或者受益人因此受到的损失。

任何单位和个人不得非法干预保险人履行赔偿或者给付保险金的义务，也不得限制被保险人或者受益人取得保险金的权利。

第二十四条 保险人依照本法第二十三条的规定作出核定后，对不属于保险责任的，应当自作出核定之日起三日内向被保险人或者受益人发出拒绝赔偿或者拒绝给付保险金通知书，并说明理由。

第二十五条 保险人自收到赔偿或者给付保险金的请求和有关证明、资料之日起六十日内，对其赔偿或者给付保险金的数额不能确定的，应当根据已有证明和资料可以确定的数额先予支付；保险人最终确定赔偿或者给付保险金的数额后，应当支付相应的差额。

第二十六条 人寿保险以外的其他保险的被保险人或者受益人，向保险人请求赔偿或者给付保险金的诉讼时效期间为二年，自其知道或者应当知道保险事故发生之日起计算。

人寿保险的被保险人或者受益人向保险人请求给付保险金的诉讼时效期间为五年，自其知道或者应当知道保险事故发生之日起计算。

第二十七条 未发生保险事故，被保险人或者受益人谎称发生了保险事故，向保险人提出赔偿或者给付保险金请求的，保险人有权解除合同，并不退还保险费。

投保人、被保险人故意制造保险事故的，保险人有权解除合同，不承担赔偿或者给付保险金的责任；除本法第四十三条规定外，不退还保险费。

保险事故发生后，投保人、被保险人或者受益人以伪造、变造的有关证明、资料或者其他证据，编造虚假的事故原因或者夸大损失程度的，保险人对其虚报的部分不承担赔偿或者给付保险金的责任。

投保人、被保险人或者受益人有前三款规定行为之一，致使保险人支付保险金或者支出费用的，应当退回或者赔偿。

第二十八条 保险人将其承担的保险业务，以分保形式部分转移给其他保险人的，为再保险。

应再保险接受人的要求，再保险分出人应当将其自负责任及原保险的有关情况书面告知再保险接受人。

第二十九条 再保险接受人不得向原保险的投保人要求支付保险费。

原保险的被保险人或者受益人不得向再保险接受人提出赔偿或者给付保险金的请求。

再保险分出人不得以再保险接受人未履行再保险责任为由，拒绝履行或者迟延履行其原保险责任。

第三十条 采用保险人提供的格式条款订立的保险合同，保险人与投保人、被保险人或者受益人对合同条款有争议的，应当按照通常理解予以解释。对合同条款有两种以上解释的，人民法院或者仲裁机构应当作出有利于被保险人和受益人的解释。

第二节 人身保险合同

第三十一条 投保人对下列人员具有保险利益：

（一）本人；

（二）配偶、子女、父母；

（三）前项以外与投保人有抚养、赡养或者扶养关系的家庭其他成员、近亲属；

（四）与投保人有劳动关系的劳动者。

除前款规定外，被保险人同意投保人为其订立合同的，视为投保人对被保险人具有保险利益。

订立合同时，投保人对被保险人不具有保险利益的，合同无效。

第三十二条 投保人申报的被保险人年龄不真实，并且其真实年龄不符合合同约定的年龄限制的，保险人可以解除合同，并按照合同约定退还保险单的现金价值。保险人行使合同解除权，适用本法第十六条第三款、第六款的规定。

投保人申报的被保险人年龄不真实，致使投保人支付的保险费少于应付保险费的，保险人有权更正并要求投保人补交保险费，或者在给付保险金时按照实付保险费与应付保险费的比例支付。

投保人申报的被保险人年龄不真实，致使投保人支付的保险费多于应付保险费的，保险人应当将多收的保险费退还投保人。

第三十三条 投保人不得为无民事行为能力人投保以死亡为给付保险金条件的人身保险，保险人也不得承保。

父母为其未成年子女投保的人身保险，不受前款规定限制。但是，因被保险人死亡给付的保险金总和不得超过国务院保险监督管理机构规定的限额。

第三十四条 以死亡为给付保险金条件的合同，未经被保险人同意并认可保险金额的，合同无效。

按照以死亡为给付保险金条件的合同所签发的保险单，未经被保险人书面同意，不得转让或者质押。

父母为其未成年子女投保的人身保险，不受本条第一款规定限制。

第三十五条 投保人可以按照合同约定向保险人一次支付全部保险费或者分期支付保险费。

第三十六条 合同约定分期支付保险费，投保人支付首期保险费后，除合同另有约定外，投保人自保险人催告之日起超过三十日未支付当期保险费，或者超过约定的期限六十日未支付当期保险费的，合同效力中止，或者由保险人按照合同约定的条件减少保险金额。

被保险人在前款规定期限内发生保险事故的，保险人应当按照合同约定给付保险金，但可以扣减欠交的保险费。

第三十七条 合同效力依照本法第三十六条规定中止的，经保险人与投保人协商并达成协议，在投保人补交保险费后，合同效力恢复。但是，自合同效力中止之日起满二年双方未达成协议的，保险人有权解除合同。

保险人依照前款规定解除合同的，应当按照合同约定退还保险单的现金价值。

第三十八条 保险人对人寿保险的保险费，不得用诉讼方式要求投保人支付。

第三十九条 人身保险的受益人由被保险人或者投保人指定。

投保人指定受益人时须经被保险人同意。投保人为与其有劳动关系的劳动者投保人身保险，不得指定被保险人及其近亲属以外的人为受益人。

被保险人为无民事行为能力人或者限制民事行为能力人的，可以由其监护人指定受益人。

第四十条　被保险人或者投保人可以指定一人或者数人为受益人。

受益人为数人的，被保险人或者投保人可以确定受益顺序和受益份额；未确定受益份额的，受益人按照相等份额享有受益权。

第四十一条　被保险人或者投保人可以变更受益人并书面通知保险人。保险人收到变更受益人的书面通知后，应当在保险单或者其他保险凭证上批注或者附贴批单。

投保人变更受益人时须经被保险人同意。

第四十二条　被保险人死亡后，有下列情形之一的，保险金作为被保险人的遗产，由保险人依照《中华人民共和国继承法》的规定履行给付保险金的义务：

（一）没有指定受益人，或者受益人指定不明无法确定的；

（二）受益人先于被保险人死亡，没有其他受益人的；

（三）受益人依法丧失受益权或者放弃受益权，没有其他受益人的。

受益人与被保险人在同一事件中死亡，且不能确定死亡先后顺序的，推定受益人死亡在先。

第四十三条　投保人故意造成被保险人死亡、伤残或者疾病的，保险人不承担给付保险金的责任。投保人已交足二年以上保险费的，保险人应当按照合同约定向其他权利人退还保险单的现金价值。

受益人故意造成被保险人死亡、伤残、疾病的，或者故意杀害被保险人未遂的，该受益人丧失受益权。

第四十四条　以被保险人死亡为给付保险金条件的合同，自合同成立或者合同效力恢复之日起二年内，被保险人自杀的，保险人不承担给付保险金的责任，但被保险人自杀时为无民事行为能力人的除外。

保险人依照前款规定不承担给付保险金责任的，应当按照合同约定退还保险单的现金价值。

第四十五条　因被保险人故意犯罪或者抗拒依法采取的刑事强制措施导致其伤残或者死亡的，保险人不承担给付保险金的责任。投保人已交足二年以上保险费的，保险人应当按照合同约定退还保险单的现金价值。

第四十六条　被保险人因第三者的行为而发生死亡、伤残或者疾病等保险事故的，保险人向被保险人或者受益人给付保险金后，不享有向第三者追偿的权利，但被保险人或者受益人仍有权向第三者请求赔偿。

第四十七条　投保人解除合同的，保险人应当自收到解除合同通知之日起三十日内，按照合同约定退还保险单的现金价值。

第三节　财产保险合同

第四十八条　保险事故发生时，被保险人对保险标的不具有保险利益的，不得向保险人请求赔偿保险金。

第四十九条 保险标的转让的,保险标的的受让人承继被保险人的权利和义务。

保险标的转让的,被保险人或者受让人应当及时通知保险人,但货物运输保险合同和另有约定的合同除外。

因保险标的的转让导致危险程度显著增加的,保险人自收到前款规定的通知之日起三十日内,可以按照合同约定增加保险费或者解除合同。保险人解除合同的,应当将已收取的保险费,按照合同约定扣除自保险责任开始之日起至合同解除之日止应收的部分后,退还投保人。

被保险人、受让人未履行本条第二款规定的通知义务的,因转让导致保险标的的危险程度显著增加而发生的保险事故,保险人不承担赔偿保险金的责任。

第五十条 货物运输保险合同和运输工具航程保险合同,保险责任开始后,合同当事人不得解除合同。

第五十一条 被保险人应当遵守国家有关消防、安全、生产操作、劳动保护等方面的规定,维护保险标的的安全。

保险人可以按照合同约定对保险标的的安全状况进行检查,及时向投保人、被保险人提出消除不安全因素和隐患的书面建议。

投保人、被保险人未按照约定履行其对保险标的的安全应尽责任的,保险人有权要求增加保险费或者解除合同。

保险人为维护保险标的的安全,经被保险人同意,可以采取安全预防措施。

第五十二条 在合同有效期内,保险标的的危险程度显著增加的,被保险人应当按照合同约定及时通知保险人,保险人可以按照合同约定增加保险费或者解除合同。保险人解除合同的,应当将已收取的保险费,按照合同约定扣除自保险责任开始之日起至合同解除之日止应收的部分后,退还投保人。

被保险人未履行前款规定的通知义务的,因保险标的的危险程度显著增加而发生的保险事故,保险人不承担赔偿保险金的责任。

第五十三条 有下列情形之一的,除合同另有约定外,保险人应当降低保险费,并按日计算退还相应的保险费:

(一)据以确定保险费率的有关情况发生变化,保险标的的危险程度明显减少的;

(二)保险标的的保险价值明显减少的。

第五十四条 保险责任开始前,投保人要求解除合同的,应当按照合同约定向保险人支付手续费,保险人应当退还保险费。保险责任开始后,投保人要求解除合同的,保险人应当将已收取的保险费,按照合同约定扣除自保险责任开始之日起至合同解除之日止应收的部分后,退还投保人。

第五十五条 投保人和保险人约定保险标的的保险价值并在合同中载明的,保险标的发生损失时,以约定的保险价值为赔偿计算标准。

投保人和保险人未约定保险标的的保险价值的,保险标的发生损失时,以保险事故发生时保险标的的实际价值为赔偿计算标准。

保险金额不得超过保险价值。超过保险价值的，超过部分无效，保险人应当退还相应的保险费。

保险金额低于保险价值的，除合同另有约定外，保险人按照保险金额与保险价值的比例承担赔偿保险金的责任。

第五十六条 重复保险的投保人应当将重复保险的有关情况通知各保险人。

重复保险的各保险人赔偿保险金的总和不得超过保险价值。除合同另有约定外，各保险人按照其保险金额与保险金额总和的比例承担赔偿保险金的责任。

重复保险的投保人可以就保险金额总和超过保险价值的部分，请求各保险人按比例返还保险费。

重复保险是指投保人对同一保险标的、同一保险利益、同一保险事故分别与两个以上保险人订立保险合同，且保险金额总和超过保险价值的保险。

第五十七条 保险事故发生时，被保险人应当尽力采取必要的措施，防止或者减少损失。

保险事故发生后，被保险人为防止或者减少保险标的的损失所支付的必要的、合理的费用，由保险人承担；保险人所承担的费用数额在保险标的损失赔偿金额以外另行计算，最高不超过保险金额的数额。

第五十八条 保险标的发生部分损失的，自保险人赔偿之日起三十日内，投保人可以解除合同；除合同另有约定外，保险人也可以解除合同，但应当提前十五日通知投保人。

合同解除的，保险人应当将保险标的未受损失部分的保险费，按照合同约定扣除自保险责任开始之日起至合同解除之日止应收的部分后，退还投保人。

第五十九条 保险事故发生后，保险人已支付了全部保险金额，并且保险金额等于保险价值的，受损保险标的的全部权利归于保险人；保险金额低于保险价值的，保险人按照保险金额与保险价值的比例取得受损保险标的的部分权利。

第六十条 因第三者对保险标的的损害而造成保险事故的，保险人自向被保险人赔偿保险金之日起，在赔偿金额范围内代位行使被保险人对第三者请求赔偿的权利。

前款规定的保险事故发生后，被保险人已经从第三者取得损害赔偿的，保险人赔偿保险金时，可以相应扣减被保险人从第三者已取得的赔偿金额。

保险人依照本条第一款规定行使代位请求赔偿的权利，不影响被保险人就未取得赔偿的部分向第三者请求赔偿的权利。

第六十一条 保险事故发生后，保险人未赔偿保险金之前，被保险人放弃对第三者请求赔偿的权利的，保险人不承担赔偿保险金的责任。

保险人向被保险人赔偿保险金后，被保险人未经保险人同意放弃对第三者请求赔偿的权利的，该行为无效。

被保险人故意或者因重大过失致使保险人不能行使代位请求赔偿的权利的，保险人可以扣减或者要求返还相应的保险金。

第六十二条　除被保险人的家庭成员或者其组成人员故意造成本法第六十条第一款规定的保险事故外，保险人不得对被保险人的家庭成员或者其组成人员行使代位请求赔偿的权利。

第六十三条　保险人向第三者行使代位请求赔偿的权利时，被保险人应当向保险人提供必要的文件和所知道的有关情况。

第六十四条　保险人、被保险人为查明和确定保险事故的性质、原因和保险标的的损失程度所支付的必要的、合理的费用，由保险人承担。

第六十五条　保险人对责任保险的被保险人给第三者造成的损害，可以依照法律的规定或者合同的约定，直接向该第三者赔偿保险金。

责任保险的被保险人给第三者造成损害，被保险人对第三者应负的赔偿责任确定的，根据被保险人的请求，保险人应当直接向该第三者赔偿保险金。被保险人怠于请求的，第三者有权就其应获赔偿部分直接向保险人请求赔偿保险金。

责任保险的被保险人给第三者造成损害，被保险人未向该第三者赔偿的，保险人不得向被保险人赔偿保险金。

责任保险是指以被保险人对第三者依法应负的赔偿责任为保险标的的保险。

第六十六条　责任保险的被保险人因给第三者造成损害的保险事故而被提起仲裁或者诉讼的，被保险人支付的仲裁或者诉讼费用以及其他必要的、合理的费用，除合同另有约定外，由保险人承担。

第三章　保险公司

第六十七条　设立保险公司应当经国务院保险监督管理机构批准。

国务院保险监督管理机构审查保险公司的设立申请时，应当考虑保险业的发展和公平竞争的需要。

第六十八条　设立保险公司应当具备下列条　件：

（一）主要股东具有持续盈利能力，信誉良好，最近三年内无重大违法违规记录，净资产不低于人民币二亿元；

（二）有符合本法和《中华人民共和国公司法》规定的章程；

（三）有符合本法规定的注册资本；

（四）有具备任职专业知识和业务工作经验的董事、监事和高级管理人员；

（五）有健全的组织机构和管理制度；

（六）有符合要求的营业场所和与经营业务有关的其他设施；

（七）法律、行政法规和国务院保险监督管理机构规定的其他条件。

第六十九条　设立保险公司，其注册资本的最低限额为人民币二亿元。

国务院保险监督管理机构根据保险公司的业务范围、经营规模，可以调整其注册资本的最低限额，但不得低于本条第一款规定的限额。

保险公司的注册资本必须为实缴货币资本。

第七十条 申请设立保险公司，应当向国务院保险监督管理机构提出书面申请，并提交下列材料：

（一）设立申请书，申请书应当载明拟设立的保险公司的名称、注册资本、业务范围等；

（二）可行性研究报告；

（三）筹建方案；

（四）投资人的营业执照或者其他背景资料，经会计师事务所审计的上一年度财务会计报告；

（五）投资人认可的筹备组负责人和拟任董事长、经理名单及本人认可证明；

（六）国务院保险监督管理机构规定的其他材料。

第七十一条 国务院保险监督管理机构应当对设立保险公司的申请进行审查，自受理之日起六个月内作出批准或者不批准筹建的决定，并书面通知申请人。决定不批准的，应当书面说明理由。

第七十二条 申请人应当自收到批准筹建通知之日起一年内完成筹建工作；筹建期间不得从事保险经营活动。

第七十三条 筹建工作完成后，申请人具备本法第六十八条规定的设立条件的，可以向国务院保险监督管理机构提出开业申请。

国务院保险监督管理机构应当自受理开业申请之日起六十日内，作出批准或者不批准开业的决定。决定批准的，颁发经营保险业务许可证；决定不批准的，应当书面通知申请人并说明理由。

第七十四条 保险公司在中华人民共和国境内设立分支机构，应当经保险监督管理机构批准。

保险公司分支机构不具有法人资格，其民事责任由保险公司承担。

第七十五条 保险公司申请设立分支机构，应当向保险监督管理机构提出书面申请，并提交下列材料：

（一）设立申请书；

（二）拟设机构三年业务发展规划和市场分析材料；

（三）拟任高级管理人员的简历及相关证明材料；

（四）国务院保险监督管理机构规定的其他材料。

第七十六条 保险监督管理机构应当对保险公司设立分支机构的申请进行审查，自受理之日起六十日内作出批准或者不批准的决定。决定批准的，颁发分支机构经营保险业务许可证；决定不批准的，应当书面通知申请人并说明理由。

第七十七条 经批准设立的保险公司及其分支机构，凭经营保险业务许可证向工商行政管理机关办理登记，领取营业执照。

第七十八条 保险公司及其分支机构自取得经营保险业务许可证之日起六个月内，无正当理由未向工商行政管理机关办理登记的，其经营保险业务许可证失效。

第七十九条 保险公司在中华人民共和国境外设立子公司、分支机构，应当经国务院保险监督管理机构批准。

第八十条 外国保险机构在中华人民共和国境内设立代表机构，应当经国务院保险监督管理机构批准。代表机构不得从事保险经营活动。

第八十一条 保险公司的董事、监事和高级管理人员，应当品行良好，熟悉与保险相关的法律、行政法规，具有履行职责所需的经营管理能力，并在任职前取得保险监督管理机构核准的任职资格。

保险公司高级管理人员的范围由国务院保险监督管理机构规定。

第八十二条 有《中华人民共和国公司法》第一百四十六条 规定的情形或者下列情形之一的，不得担任保险公司的董事、监事、高级管理人员：

（一）因违法行为或者违纪行为被金融监督管理机构取消任职资格的金融机构的董事、监事、高级管理人员，自被取消任职资格之日起未逾五年的；

（二）因违法行为或者违纪行为被吊销执业资格的律师、注册会计师或者资产评估机构、验证机构等机构的专业人员，自被吊销执业资格之日起未逾五年的。

第八十三条 保险公司的董事、监事、高级管理人员执行公司职务时违反法律、行政法规或者公司章程的规定，给公司造成损失的，应当承担赔偿责任。

第八十四条 保险公司有下列情形之一的，应当经保险监督管理机构批准：

（一）变更名称；

（二）变更注册资本；

（三）变更公司或者分支机构的营业场所；

（四）撤销分支机构；

（五）公司分立或者合并；

（六）修改公司章程；

（七）变更出资额占有限责任公司资本总额百分之五以上的股东，或者变更持有股份有限公司股份百分之五以上的股东；

（八）国务院保险监督管理机构规定的其他情形。

第八十五条 保险公司应当聘用专业人员，建立精算报告制度和合规报告制度。

第八十六条 保险公司应当按照保险监督管理机构的规定，报送有关报告、报表、文件和资料。

保险公司的偿付能力报告、财务会计报告、精算报告、合规报告及其他有关报告、报表、文件和资料必须如实记录保险业务事项，不得有虚假记载、误导性陈述和重大遗漏。

第八十七条 保险公司应当按照国务院保险监督管理机构的规定妥善保管业务经营活动的完整账簿、原始凭证和有关资料。

前款规定的账簿、原始凭证和有关资料的保管期限，自保险合同终止之日起计算，保险期间在一年以下的不得少于五年，保险期间超过一年的不得少于十年。

第八十八条　保险公司聘请或者解聘会计师事务所、资产评估机构、资信评级机构等中介服务机构，应当向保险监督管理机构报告；解聘会计师事务所、资产评估机构、资信评级机构等中介服务机构，应当说明理由。

第八十九条　保险公司因分立、合并需要解散，或者股东会、股东大会决议解散，或者公司章程规定的解散事由出现，经国务院保险监督管理机构批准后解散。

经营有人寿保险业务的保险公司，除因分立、合并或者被依法撤销外，不得解散。

保险公司解散，应当依法成立清算组进行清算。

第九十条　保险公司有《中华人民共和国企业破产法》第二条规定情形的，经国务院保险监督管理机构同意，保险公司或者其债权人可以依法向人民法院申请重整、和解或者破产清算；国务院保险监督管理机构也可以依法向人民法院申请对该保险公司进行重整或者破产清算。

第九十一条　破产财产在优先清偿破产费用和共益债务后，按照下列顺序清偿：

（一）所欠职工工资和医疗、伤残补助、抚恤费用，所欠应当划入职工个人账户的基本养老保险、基本医疗保险费用，以及法律、行政法规规定应当支付给职工的补偿金；

（二）赔偿或者给付保险金；

（三）保险公司欠缴的除第（一）项规定以外的社会保险费用和所欠税款；

（四）普通破产债权。

破产财产不足以清偿同一顺序的清偿要求的，按照比例分配。

破产保险公司的董事、监事和高级管理人员的工资，按照该公司职工的平均工资计算。

第九十二条　经营有人寿保险业务的保险公司被依法撤销或者被依法宣告破产的，其持有的人寿保险合同及责任准备金，必须转让给其他经营有人寿保险业务的保险公司；不能同其他保险公司达成转让协议的，由国务院保险监督管理机构指定经营有人寿保险业务的保险公司接受转让。

转让或者由国务院保险监督管理机构指定接受转让前款规定的人寿保险合同及责任准备金的，应当维护被保险人、受益人的合法权益。

第九十三条　保险公司依法终止其业务活动，应当注销其经营保险业务许可证。

第九十四条　保险公司，除本法另有规定外，适用《中华人民共和国公司法》的规定。

第四章　保险经营规则

第九十五条　保险公司的业务范围：

（一）人身保险业务，包括人寿保险、健康保险、意外伤害保险等保险业务；

（二）财产保险业务，包括财产损失保险、责任保险、信用保险、保证保险等保险业务；

（三）国务院保险监督管理机构批准的与保险有关的其他业务。

保险人不得兼营人身保险业务和财产保险业务。但是，经营财产保险业务的保险公司经国务院保险监督管理机构批准，可以经营短期健康保险业务和意外伤害保险业务。

保险公司应当在国务院保险监督管理机构依法批准的业务范围内从事保险经营活动。

第九十六条 经国务院保险监督管理机构批准，保险公司可以经营本法第九十五条规定的保险业务的下列再保险业务：

（一）分出保险；

（二）分入保险。

第九十七条 保险公司应当按照其注册资本总额的百分之二十提取保证金，存入国务院保险监督管理机构指定的银行，除公司清算时用于清偿债务外，不得动用。

第九十八条 保险公司应当根据保障被保险人利益、保证偿付能力的原则，提取各项责任准备金。

保险公司提取和结转责任准备金的具体办法，由国务院保险监督管理机构制定。

第九十九条 保险公司应当依法提取公积金。

第一百条 保险公司应当缴纳保险保障基金。

保险保障基金应当集中管理，并在下列情形下统筹使用：

（一）在保险公司被撤销或者被宣告破产时，向投保人、被保险人或者受益人提供救济；

（二）在保险公司被撤销或者被宣告破产时，向依法接受其人寿保险合同的保险公司提供救济；

（三）国务院规定的其他情形。

保险保障基金筹集、管理和使用的具体办法，由国务院制定。

第一百零一条 保险公司应当具有与其业务规模和风险程度相适应的最低偿付能力。保险公司的认可资产减去认可负债的差额不得低于国务院保险监督管理机构规定的数额；低于规定数额的，应当按照国务院保险监督管理机构的要求采取相应措施达到规定的数额。

第一百零二条 经营财产保险业务的保险公司当年自留保险费，不得超过其实有资本金加公积金总和的四倍。

第一百零三条 保险公司对每一危险单位，即对一次保险事故可能造成的最大损失范围所承担的责任，不得超过其实有资本金加公积金总和的百分之十；超过的部分应当办理再保险。

保险公司对危险单位的划分应当符合国务院保险监督管理机构的规定。

第一百零四条 保险公司对危险单位的划分方法和巨灾风险安排方案，应当报国务院保险监督管理机构备案。

第一百零五条 保险公司应当按照国务院保险监督管理机构的规定办理再保险，并审慎选择再保险接受人。

第一百零六条 保险公司的资金运用必须稳健，遵循安全性原则。

保险公司的资金运用限于下列形式：

（一）银行存款；

（二）买卖债券、股票、证券投资基金份额等有价证券；

（三）投资不动产；

（四）国务院规定的其他资金运用形式。

保险公司资金运用的具体管理办法，由国务院保险监督管理机构依照前两款的规定制定。

第一百零七条 经国务院保险监督管理机构会同国务院证券监督管理机构批准，保险公司可以设立保险资产管理公司。

保险资产管理公司从事证券投资活动，应当遵守《中华人民共和国证券法》等法律、行政法规的规定。

保险资产管理公司的管理办法，由国务院保险监督管理机构会同国务院有关部门制定。

第一百零八条 保险公司应当按照国务院保险监督管理机构的规定，建立对关联交易的管理和信息披露制度。

第一百零九条 保险公司的控股股东、实际控制人、董事、监事、高级管理人员不得利用关联交易损害公司的利益。

第一百一十条 保险公司应当按照国务院保险监督管理机构的规定，真实、准确、完整地披露财务会计报告、风险管理状况、保险产品经营情况等重大事项。

第一百一十一条 保险公司从事保险销售的人员应当品行良好，具有保险销售所需的专业能力。保险销售人员的行为规范和管理办法，由国务院保险监督管理机构规定。

第一百一十二条 保险公司应当建立保险代理人登记管理制度，加强对保险代理人的培训和管理，不得唆使、诱导保险代理人进行违背诚信义务的活动。

第一百一十三条 保险公司及其分支机构应当依法使用经营保险业务许可证，不得转让、出租、出借经营保险业务许可证。

第一百一十四条 保险公司应当按照国务院保险监督管理机构的规定，公平、合理拟订保险条款和保险费率，不得损害投保人、被保险人和受益人的合法权益。

保险公司应当按照合同约定和本法规定，及时履行赔偿或者给付保险金义务。

第一百一十五条 保险公司开展业务，应当遵循公平竞争的原则，不得从事不正当竞争。

第一百一十六条 保险公司及其工作人员在保险业务活动中不得有下列行为：

（一）欺骗投保人、被保险人或者受益人；

（二）对投保人隐瞒与保险合同有关的重要情况；

（三）阻碍投保人履行本法规定的如实告知义务，或者诱导其不履行本法规定的如实告知义务；

（四）给予或者承诺给予投保人、被保险人、受益人保险合同约定以外的保险费回扣或者其他利益；

（五）拒不依法履行保险合同约定的赔偿或者给付保险金义务；

（六）故意编造未曾发生的保险事故、虚构保险合同或者故意夸大已经发生的保险事故的损失程度进行虚假理赔，骗取保险金或者牟取其他不正当利益；

（七）挪用、截留、侵占保险费；

（八）委托未取得合法资格的机构从事保险销售活动；

（九）利用开展保险业务为其他机构或者个人牟取不正当利益；

（十）利用保险代理人、保险经纪人或者保险评估机构，从事以虚构保险中介业务或者编造退保等方式套取费用等违法活动；

（十一）以捏造、散布虚假事实等方式损害竞争对手的商业信誉，或者以其他不正当竞争行为扰乱保险市场秩序；

（十二）泄露在业务活动中知悉的投保人、被保险人的商业秘密；

（十三）违反法律、行政法规和国务院保险监督管理机构规定的其他行为。

第五章　保险代理人和保险经纪人

第一百一十七条　保险代理人是根据保险人的委托，向保险人收取佣金，并在保险人授权的范围内代为办理保险业务的机构或者个人。

保险代理机构包括专门从事保险代理业务的保险专业代理机构和兼营保险代理业务的保险兼业代理机构。

第一百一十八条　保险经纪人是基于投保人的利益，为投保人与保险人订立保险合同提供中介服务，并依法收取佣金的机构。

第一百一十九条　保险代理机构、保险经纪人应当具备国务院保险监督管理机构规定的条件，取得保险监督管理机构颁发的经营保险代理业务许可证、保险经纪业务许可证。

第一百二十条　以公司形式设立保险专业代理机构、保险经纪人，其注册资本最低限额适用《中华人民共和国公司法》的规定。

国务院保险监督管理机构根据保险专业代理机构、保险经纪人的业务范围和经营规模，可以调整其注册资本的最低限额，但不得低于《中华人民共和国公司法》规定的限额。

保险专业代理机构、保险经纪人的注册资本或者出资额必须为实缴货币资本。

第一百二十一条　保险专业代理机构、保险经纪人的高级管理人员，应当品行良好，熟悉保险法律、行政法规，具有履行职责所需的经营管理能力，并在任职前取得保险监督管理机构核准的任职资格。

第一百二十二条　个人保险代理人、保险代理机构的代理从业人员、保险经纪人的经纪从业人员，应当品行良好，具有从事保险代理业务或者保险经纪业务所需的专业能力。

第一百二十三条　保险代理机构、保险经纪人应当有自己的经营场所，设立专门账簿记载保险代理业务、经纪业务的收支情况。

第一百二十四条　保险代理机构、保险经纪人应当按照国务院保险监督管理机构的规定缴存保证金或者投保职业责任保险。

第一百二十五条　个人保险代理人在代为办理人寿保险业务时，不得同时接受两个以上保险人的委托。

第一百二十六条　保险人委托保险代理人代为办理保险业务，应当与保险代理人签订委托代理协议，依法约定双方的权利和义务。

第一百二十七条　保险代理人根据保险人的授权代为办理保险业务的行为，由保险人承担责任。

保险代理人没有代理权、超越代理权或者代理权终止后以保险人名义订立合同，使投保人有理由相信其有代理权的，该代理行为有效。保险人可以依法追究越权的保险代理人的责任。

第一百二十八条　保险经纪人因过错给投保人、被保险人造成损失的，依法承担赔偿责任。

第一百二十九条　保险活动当事人可以委托保险公估机构等依法设立的独立评估机构或者具有相关专业知识的人员，对保险事故进行评估和鉴定。

接受委托对保险事故进行评估和鉴定的机构和人员，应当依法、独立、客观、公正地进行评估和鉴定，任何单位和个人不得干涉。

前款规定的机构和人员，因故意或者过失给保险人或者被保险人造成损失的，依法承担赔偿责任。

第一百三十条　保险佣金只限于向保险代理人、保险经纪人支付，不得向其他人支付。

第一百三十一条　保险代理人、保险经纪人及其从业人员在办理保险业务活动中不得有下列行为：

（一）欺骗保险人、投保人、被保险人或者受益人；

（二）隐瞒与保险合同有关的重要情况；

（三）阻碍投保人履行本法规定的如实告知义务，或者诱导其不履行本法规定的如实告知义务；

（四）给予或者承诺给予投保人、被保险人或者受益人保险合同约定以外的利益；

（五）利用行政权力、职务或者职业便利以及其他不正当手段强迫、引诱或者限制投保人订立保险合同；

（六）伪造、擅自变更保险合同，或者为保险合同当事人提供虚假证明材料；

（七）挪用、截留、侵占保险费或者保险金；

（八）利用业务便利为其他机构或者个人牟取不正当利益；

（九）串通投保人、被保险人或者受益人，骗取保险金；

（十）泄露在业务活动中知悉的保险人、投保人、被保险人的商业秘密。

第一百三十二条 本法第八十六条第一款、第一百一十三条的规定，适用于保险代理机构和保险经纪人。

第六章 保险业监督管理

第一百三十三条 保险监督管理机构依照本法和国务院规定的职责，遵循依法、公开、公正的原则，对保险业实施监督管理，维护保险市场秩序，保护投保人、被保险人和受益人的合法权益。

第一百三十四条 国务院保险监督管理机构依照法律、行政法规制定并发布有关保险业监督管理的规章。

第一百三十五条 关系社会公众利益的保险险种、依法实行强制保险的险种和新开发的人寿保险险种等的保险条款和保险费率，应当报国务院保险监督管理机构批准。国务院保险监督管理机构审批时，应当遵循保护社会公众利益和防止不正当竞争的原则。其他保险险种的保险条款和保险费率，应当报保险监督管理机构备案。

保险条款和保险费率审批、备案的具体办法，由国务院保险监督管理机构依照前款规定制定。

第一百三十六条 保险公司使用的保险条款和保险费率违反法律、行政法规或者国务院保险监督管理机构的有关规定的，由保险监督管理机构责令停止使用，限期修改；情节严重的，可以在一定期限内禁止申报新的保险条款和保险费率。

第一百三十七条 国务院保险监督管理机构应当建立健全保险公司偿付能力监管体系，对保险公司的偿付能力实施监控。

第一百三十八条 对偿付能力不足的保险公司，国务院保险监督管理机构应当将其列为重点监管对象，并可以根据具体情况采取下列措施：

（一）责令增加资本金、办理再保险；

（二）限制业务范围；

（三）限制向股东分红；

（四）限制固定资产购置或者经营费用规模；

（五）限制资金运用的形式、比例；

（六）限制增设分支机构；

（七）责令拍卖不良资产、转让保险业务；

（八）限制董事、监事、高级管理人员的薪酬水平；

（九）限制商业性广告；

（十）责令停止接受新业务。

第一百三十九条 保险公司未依照本法规定提取或者结转各项责任准备金，或者未依照本法规定办理再保险，或者严重违反本法关于资金运用的规定的，由保险监督管理机构责令限期改正，并可以责令调整负责人及有关管理人员。

第一百四十条 保险监督管理机构依照本法第一百三十九条的规定作出限期改正的决定后，保险公司逾期未改正的，国务院保险监督管理机构可以决定选派保险专业人员和指定该保险公司的有关人员组成整顿组，对公司进行整顿。

整顿决定应当载明被整顿公司的名称、整顿理由、整顿组成员和整顿期限，并予以公告。

第一百四十一条 整顿组有权监督被整顿保险公司的日常业务。被整顿公司的负责人及有关管理人员应当在整顿组的监督下行使职权。

第一百四十二条 整顿过程中，被整顿保险公司的原有业务继续进行。但是，国务院保险监督管理机构可以责令被整顿公司停止部分原有业务、停止接受新业务，调整资金运用。

第一百四十三条 被整顿保险公司经整顿已纠正其违反本法规定的行为，恢复正常经营状况的，由整顿组提出报告，经国务院保险监督管理机构批准，结束整顿，并由国务院保险监督管理机构予以公告。

第一百四十四条 保险公司有下列情形之一的，国务院保险监督管理机构可以对其实行接管：

（一）公司的偿付能力严重不足的；

（二）违反本法规定，损害社会公共利益，可能严重危及或者已经严重危及公司的偿付能力的。

被接管的保险公司的债权债务关系不因接管而变化。

第一百四十五条 接管组的组成和接管的实施办法，由国务院保险监督管理机构决定，并予以公告。

第一百四十六条 接管期限届满，国务院保险监督管理机构可以决定延长接管期限，但接管期限最长不得超过二年。

第一百四十七条 接管期限届满，被接管的保险公司已恢复正常经营能力的，由国务院保险监督管理机构决定终止接管，并予以公告。

第一百四十八条 被整顿、被接管的保险公司有《中华人民共和国企业破产法》第二条规定情形的，国务院保险监督管理机构可以依法向人民法院申请对该保险公司进行重整或者破产清算。

第一百四十九条 保险公司因违法经营被依法吊销经营保险业务许可证的，或者偿付能力低于国务院保险监督管理机构规定标准，不予撤销将严重危害保险市场秩序、损害公共利益的，由国务院保险监督管理机构予以撤销并公告，依法及时组织清算组进行清算。

第一百五十条　国务院保险监督管理机构有权要求保险公司股东、实际控制人在指定的期限内提供有关信息和资料。

第一百五十一条　保险公司的股东利用关联交易严重损害公司利益，危及公司偿付能力的，由国务院保险监督管理机构责令改正。在按照要求改正前，国务院保险监督管理机构可以限制其股东权利；拒不改正的，可以责令其转让所持的保险公司股权。

第一百五十二条　保险监督管理机构根据履行监督管理职责的需要，可以与保险公司董事、监事和高级管理人员进行监督管理谈话，要求其就公司的业务活动和风险管理的重大事项作出说明。

第一百五十三条　保险公司在整顿、接管、撤销清算期间，或者出现重大风险时，国务院保险监督管理机构可以对该公司直接负责的董事、监事、高级管理人员和其他直接责任人员采取以下措施：

（一）通知出境管理机关依法阻止其出境；

（二）申请司法机关禁止其转移、转让或者以其他方式处分财产，或者在财产上设定其他权利。

第一百五十四条　保险监督管理机构依法履行职责，可以采取下列措施：

（一）对保险公司、保险代理人、保险经纪人、保险资产管理公司、外国保险机构的代表机构进行现场检查；

（二）进入涉嫌违法行为发生场所调查取证；

（三）询问当事人及与被调查事件有关的单位和个人，要求其对与被调查事件有关的事项作出说明；

（四）查阅、复制与被调查事件有关的财产权登记等资料；

（五）查阅、复制保险公司、保险代理人、保险经纪人、保险资产管理公司、外国保险机构的代表机构以及与被调查事件有关的单位和个人的财务会计资料及其他相关文件和资料；对可能被转移、隐匿或者毁损的文件和资料予以封存；

（六）查询涉嫌违法经营的保险公司、保险代理人、保险经纪人、保险资产管理公司、外国保险机构的代表机构以及与涉嫌违法事项有关的单位和个人的银行账户；

（七）对有证据证明已经或者可能转移、隐匿违法资金等涉案财产或者隐匿、伪造、毁损重要证据的，经保险监督管理机构主要负责人批准，申请人民法院予以冻结或者查封。

保险监督管理机构采取前款第（一）项、第（二）项、第（五）项措施的，应当经保险监督管理机构负责人批准；采取第（六）项措施的，应当经国务院保险监督管理机构负责人批准。

保险监督管理机构依法进行监督检查或者调查，其监督检查、调查的人员不得少于二人，并应当出示合法证件和监督检查、调查通知书；监督检查、调查的人员少于二人或者未出示合法证件和监督检查、调查通知书的，被检查、调查的单位和个人有权拒绝。

第一百五十五条　保险监督管理机构依法履行职责，被检查、调查的单位和个人应当配合。

第一百五十六条　保险监督管理机构工作人员应当忠于职守，依法办事，公正廉洁，不得利用职务便利牟取不正当利益，不得泄露所知悉的有关单位和个人的商业秘密。

第一百五十七条　国务院保险监督管理机构应当与中国人民银行、国务院其他金融监督管理机构建立监督管理信息共享机制。

保险监督管理机构依法履行职责，进行监督检查、调查时，有关部门应当予以配合。

第七章　法律责任

第一百五十八条　违反本法规定，擅自设立保险公司、保险资产管理公司或者非法经营商业保险业务的，由保险监督管理机构予以取缔，没收违法所得，并处违法所得一倍以上五倍以下的罚款；没有违法所得或者违法所得不足二十万元的，处二十万元以上一百万元以下的罚款。

第一百五十九条　违反本法规定，擅自设立保险专业代理机构、保险经纪人，或者未取得经营保险代理业务许可证、保险经纪业务许可证从事保险代理业务、保险经纪业务的，由保险监督管理机构予以取缔，没收违法所得，并处违法所得一倍以上五倍以下的罚款；没有违法所得或者违法所得不足五万元的，处五万元以上三十万元以下的罚款。

第一百六十条　保险公司违反本法规定，超出批准的业务范围经营的，由保险监督管理机构责令限期改正，没收违法所得，并处违法所得一倍以上五倍以下的罚款；没有违法所得或者违法所得不足十万元的，处十万元以上五十万元以下的罚款。逾期不改正或者造成严重后果的，责令停业整顿或者吊销业务许可证。

第一百六十一条　保险公司有本法第一百一十六条规定行为之一的，由保险监督管理机构责令改正，处五万元以上三十万元以下的罚款；情节　严重的，限制其业务范围、责令停止接受新业务或者吊销业务许可证。

第一百六十二条　保险公司违反本法第八十四条规定的，由保险监督管理机构责令改正，处一万元以上十万元以下的罚款。

第一百六十三条　保险公司违反本法规定，有下列行为之一的，由保险监督管理机构责令改正，处五万元以上三十万元以下的罚款：

（一）超额承保，情节严重的；

（二）为无民事行为能力人承保以死亡为给付保险金条件的保险的。

第一百六十四条　违反本法规定，有下列行为之一的，由保险监督管理机构责令改正，处五万元以上三十万元以下的罚款；情节严重的，可以限制其业务范围、责令停止接受新业务或者吊销业务许可证：

（一）未按照规定提存保证金或者违反规定动用保证金的；

（二）未按照规定提取或者结转各项责任准备金的；

（三）未按照规定缴纳保险保障基金或者提取公积金的；

（四）未按照规定办理再保险的；

（五）未按照规定运用保险公司资金的；

（六）未经批准设立分支机构的；

（七）未按照规定申请批准保险条款、保险费率的。

第一百六十五条　保险代理机构、保险经纪人有本法第一百三十一条规定行为之一的，由保险监督管理机构责令改正，处五万元以上三十万元以下的罚款；情节严重的，吊销业务许可证。

第一百六十六条　保险代理机构、保险经纪人违反本法规定，有下列行为之一的，由保险监督管理机构责令改正，处二万元以上十万元以下的罚款；情节严重的，责令停业整顿或者吊销业务许可证：

（一）未按照规定缴存保证金或者投保职业责任保险的；

（二）未按照规定设立专门账簿记载业务收支情况的。

第一百六十七条　违反本法规定，聘任不具有任职资格的人员的，由保险监督管理机构责令改正，处二万元以上十万元以下的罚款。

第一百六十八条　违反本法规定，转让、出租、出借业务许可证的，由保险监督管理机构处一万元以上十万元以下的罚款；情节严重的，责令停业整顿或者吊销业务许可证。

第一百六十九条　违反本法规定，有下列行为之一的，由保险监督管理机构责令限期改正；逾期不改正的，处一万元以上十万元以下的罚款：

（一）未按照规定报送或者保管报告、报表、文件、资料的，或者未按照规定提供有关信息、资料的；

（二）未按照规定报送保险条款、保险费率备案的；

（三）未按照规定披露信息的。

第一百七十条　违反本法规定，有下列行为之一的，由保险监督管理机构责令改正，处十万元以上五十万元以下的罚款；情节严重的，可以限制其业务范围、责令停止接受新业务或者吊销业务许可证：

（一）编制或者提供虚假的报告、报表、文件、资料的；

（二）拒绝或者妨碍依法监督检查的；

（三）未按照规定使用经批准或者备案的保险条款、保险费率的。

第一百七十一条　保险公司、保险资产管理公司、保险专业代理机构、保险经纪人违反本法规定的，保险监督管理机构除分别依照本法第一百六十条至第一百七十条的规定对该单位给予处罚外，对其直接负责的主管人员和其他直接责任人员给予警告，并处一万元以上十万元以下的罚款；情节严重的，撤销任职资格。

第一百七十二条　个人保险代理人违反本法规定的，由保险监督管理机构给予警告，可以并处二万元以下的罚款；情节严重的，处二万元以上十万元以下的罚款。

第一百七十三条　外国保险机构未经国务院保险监督管理机构批准，擅自在中华人民共和国境内设立代表机构的，由国务院保险监督管理机构予以取缔，处五万元以上三十万元以下的罚款。

外国保险机构在中华人民共和国境内设立的代表机构从事保险经营活动的，由保险监督管理机构责令改正，没收违法所得，并处违法所得一倍以上五倍以下的罚款；没有违法所得或者违法所得不足二十万元的，处二十万元以上一百万元以下的罚款；对其首席代表可以责令撤换；情节严重的，撤销其代表机构。

第一百七十四条　投保人、被保险人或者受益人有下列行为之一，进行保险诈骗活动，尚不构成犯罪的，依法给予行政处罚：

（一）投保人故意虚构保险标的，骗取保险金的；

（二）编造未曾发生的保险事故，或者编造虚假的事故原因或者夸大损失程度，骗取保险金的；

（三）故意造成保险事故，骗取保险金的。

保险事故的鉴定人、评估人、证明人故意提供虚假的证明文件，为投保人、被保险人或者受益人进行保险诈骗提供条件的，依照前款规定给予处罚。

第一百七十五条　违反本法规定，给他人造成损害的，依法承担民事责任。

第一百七十六条　拒绝、阻碍保险监督管理机构及其工作人员依法行使监督检查、调查职权，未使用暴力、威胁方法的，依法给予治安管理处罚。

第一百七十七条　违反法律、行政法规的规定，情节严重的，国务院保险监督管理机构可以禁止有关责任人员一定期限直至终身进入保险业。

第一百七十八条　保险监督管理机构从事监督管理工作的人员有下列情形之一的，依法给予处分：

（一）违反规定批准机构的设立的；

（二）违反规定进行保险条款、保险费率审批的；

（三）违反规定进行现场检查的；

（四）违反规定查询账户或者冻结资金的；

（五）泄露其知悉的有关单位和个人的商业秘密的；

（六）违反规定实施行政处罚的；

（七）滥用职权、玩忽职守的其他行为。

第一百七十九条　违反本法规定，构成犯罪的，依法追究刑事责任。

第八章　附则

第一百八十条　保险公司应当加入保险行业协会。保险代理人、保险经纪人、保险公估机构可以加入保险行业协会。

保险行业协会是保险业的自律性组织，是社会团体法人。

第一百八十一条 保险公司以外的其他依法设立的保险组织经营的商业保险业务，适用本法。

第一百八十二条 海上保险适用《中华人民共和国海商法》的有关规定；《中华人民共和国海商法》未规定的，适用本法的有关规定。

第一百八十三条 中外合资保险公司、外资独资保险公司、外国保险公司分公司适用本法规定；法律、行政法规另有规定的，适用其规定。

第一百八十四条 国家支持发展为农业生产服务的保险事业。农业保险由法律、行政法规另行规定。

强制保险，法律、行政法规另有规定的，适用其规定。

第一百八十五条 本法自 2009 年 10 月 1 日起施行。

最高人民法院关于
适用《中华人民共和国保险法》若干问题的解释（一）

（2009 年 9 月 14 日最高人民法院审判委员会第 1473 次会议通过；2009 年 9 月 21 日公布；字 2009 年 10 月 1 日起施行） 法释〔2009〕12 号

为正确审理保险合同纠纷案件，切实维护当事人的合法权益，现就人民法院适用 2009 年 2 月 28 日第十一届全国人大常委会第七次会议修订的《中华人民共和国保险法》（以下简称保险法）的有关问题规定如下：

第一条 保险法施行后成立的保险合同发生的纠纷，适用保险法的规定。保险法施行前成立的保险合同发生的纠纷，除本解释另有规定外，适用当时的法律规定；当时的法律没有规定的，参照适用保险法的有关规定。

认定保险合同是否成立，适用合同订立时的法律。

第二条 对于保险法施行前成立的保险合同，适用当时的法律认定无效而适用保险法认定有效的，适用保险法的规定。

第三条 保险合同成立于保险法施行前而保险标的转让、保险事故、理赔、代位求偿等行为或事件，发生于保险法施行后的，适用保险法的规定。

第四条 保险合同成立于保险法施行前，保险法施行后，保险人以投保人未履行如实告知义务或者申报被保险人年龄不真实为由，主张解除合同的，适用保险法的规定。

第五条 保险法施行前成立的保险合同，下列情形下的期间自 2009 年 10 月 1 日起计算：

（一）保险法施行前，保险人收到赔偿或者给付保险金的请求，保险法施行后，适用保险法第二十三条规定的三十日的；

（二）保险法施行前，保险人知道解除事由，保险法施行后，按照保险法第十六条、第三十二条的规定行使解除权，适用保险法第十六条规定的三十日的；

（三）保险法施行后，保险人按照保险法第十六条第二款的规定请求解除合同，适用保险法第十六条规定的二年的；

（四）保险法施行前，保险人收到保险标的转让通知，保险法施行后，以保险标的转让导致危险程度显著增加为由请求按照合同约定增加保险费或者解除合同，适用保险法第四十九条规定的三十日的。

第六条 保险法施行前已经终审的案件，当事人申请再审或者按照审判监督程序提起再审的案件，不适用保险法的规定。

最高人民法院关于
适用《中华人民共和国保险法》若干问题的解释（二）

（2013年5月6日最高人民法院审判委员会第1577次会议通过；2013年5月31日公布；字2013年6月8日起施行） 法释〔2013〕14号

为正确审理保险合同纠纷案件，切实维护当事人的合法权益，根据《中华人民共和国保险法》《中华人民共和国合同法》《中华人民共和国民事诉讼法》等法律规定，结合审判实践，就保险法中关于保险合同一般规定部分有关法律适用问题解释如下：

第一条 财产保险中，不同投保人就同一保险标的分别投保，保险事故发生后，被保险人在其保险利益范围内依据保险合同主张保险赔偿的，人民法院应予支持。

第二条 人身保险中，因投保人对被保险人不具有保险利益导致保险合同无效，投保人主张保险人退还扣减相应手续费后的保险费的，人民法院应予支持。

第三条 投保人或者投保人的代理人订立保险合同时没有亲自签字或者盖章，而由保险人或者保险人的代理人代为签字或者盖章的，对投保人不生效。但投保人已经交纳保险费的，视为其对代签字或者盖章行为的追认。

保险人或者保险人的代理人代为填写保险单证后经投保人签字或者盖章确认的，代为填写的内容视为投保人的真实意思表示。但有证据证明保险人或者保险人的代理人存在保险法第一百一十六条、第一百三十一条相关规定情形的除外。

第四条 保险人接受了投保人提交的投保单并收取了保险费，尚未作出是否承保的意思表示，发生保险事故，被保险人或者受益人请求保险人按照保险合同承担赔偿或者给付保险金责任，符合承保条件的，人民法院应予支持；不符合承保条件的，保险人不承担保险责任，但应当退还已经收取的保险费。

保险人主张不符合承保条件的，应承担举证责任。

第五条 保险合同订立时，投保人明知的与保险标的或者被保险人有关的情况，属于保险法第十六条第一款规定的投保人"应当如实告知"的内容。

第六条 投保人的告知义务限于保险人询问的范围和内容。当事人对询问范围及内容有争议的，保险人负举证责任。

保险人以投保人违反了对投保单询问表中所列概括性条款的如实告知义务为由请求解除合同的，人民法院不予支持。但该概括性条款有具体内容的除外。

第七条 保险人在保险合同成立后知道或者应当知道投保人未履行如实告知义务，仍然收取保险费，又依照保险法第十六条第二款的规定主张解除合同的，人民法院不予支持。

第八条 保险人未行使合同解除权，直接以存在保险法第十六条第四款、第五款规定的情形为由拒绝赔偿的，人民法院不予支持。但当事人就拒绝赔偿事宜及保险合同存续另行达成一致的情况除外。

第九条 保险人提供的格式合同文本中的责任免除条款、免赔额、免赔率、比例赔付或者给付等免除或者减轻保险人责任的条款，可以认定为保险法第十七条第二款规定的"免除保险人责任的条款"。

保险人因投保人、被保险人违反法定或者约定义务，享有解除合同权利的条款，不属于保险法第十七条第二款规定的"免除保险人责任的条款"。

第十条 保险人将法律、行政法规中的禁止性规定情形作为保险合同免责条款的免责事由，保险人对该条款作出提示后，投保人、被保险人或者受益人以保险人未履行明确说明义务为由主张该条款不生效的，人民法院不予支持。

第十一条 保险合同订立时，保险人在投保单或者保险单等其他保险凭证上，对保险合同中免除保险人责任的条款，以足以引起投保人注意的文字、字体、符号或者其他明显标志作出提示的，人民法院应当认定其履行了保险法第十七条第二款规定的提示义务。

保险人对保险合同中有关免除保险人责任条款的概念、内容及其法律后果以书面或者口头形式向投保人作出常人能够理解的解释说明的，人民法院应当认定保险人履行了保险法第十七条第二款规定的明确说明义务。

第十二条 通过网络、电话等方式订立的保险合同，保险人以网页、音频、视频等形式对免除保险人责任条款予以提示和明确说明的，人民法院可以认定其履行了提示和明确说明义务。

第十三条 保险人对其履行了明确说明义务负举证责任。

投保人对保险人履行了符合本解释第十一条第二款要求的明确说明义务在相关文书上签字、盖章或者以其他形式予以确认的，应当认定保险人履行了该项义务。但另有证据证明保险人未履行明确说明义务的除外。

第十四条　保险合同中记载的内容不一致的，按照下列规则认定：

（一）投保单与保险单或者其他保险凭证不一致的，以投保单为准。但不一致的情形系经保险人说明并经投保人同意的，以投保人签收的保险单或者其他保险凭证载明的内容为准；

（二）非格式条款与格式条款不一致的，以非格式条款为准；

（三）保险凭证记载的时间不同的，以形成时间在后的为准；

（四）保险凭证存在手写和打印两种方式的，以双方签字、盖章的手写部分的内容为准。

第十五条　保险法第二十三条规定的三十日核定期间，应自保险人初次收到索赔请求及投保人、被保险人或者受益人提供的有关证明和资料之日起算。

保险人主张扣除投保人、被保险人或者受益人补充提供有关证明和资料期间的，人民法院应予支持。扣除期间自保险人根据保险法第二十二条规定作出的通知到达投保人、被保险人或者受益人之日起，至投保人、被保险人或者受益人按照通知要求补充提供的有关证明和资料到达保险人之日止。

第十六条　保险人应以自己的名义行使保险代位求偿权。

根据保险法第六十条第一款的规定，保险人代位求偿权的诉讼时效期间应自其取得代位求偿权之日起算。

第十七条　保险人在其提供的保险合同格式条款中对非保险术语所作的解释符合专业意义，或者虽不符合专业意义，但有利于投保人、被保险人或者受益人的，人民法院应予认可。

第十八条　行政管理部门依据法律规定制作的交通事故认定书、火灾事故认定书等，人民法院应当依法审查并确认其相应的证明力，但有相反证据能够推翻的除外。

第十九条　保险事故发生后，被保险人或者受益人起诉保险人，保险人以被保险人或者受益人未要求第三者承担责任为由抗辩不承担保险责任的，人民法院不予支持。

财产保险事故发生后，被保险人就其所受损失从第三者取得赔偿后的不足部分提起诉讼，请求保险人赔偿的，人民法院应予依法受理。

第二十条　保险公司依法设立并取得营业执照的分支机构属于《中华人民共和国民事诉讼法》第四十八条规定的其他组织，可以作为保险合同纠纷案件的当事人参加诉讼。

第二十一条　本解释施行后尚未终审的保险合同纠纷案件，适用本解释；本解释施行前已经终审，当事人申请再审或者按照审判监督程序决定再审的案件，不适用本解释。

最高人民法院
关于适用《中华人民共和国保险法》若干问题的解释（三）

（2015 年 9 月 21 日最高人民法院审判委员会第 1661 次会议通过；2015 年 11 月 25 日公布；字 2015 年 12 月 1 日起施行） 法释〔2015〕21 号

为正确审理保险合同纠纷案件，切实维护当事人的合法权益，根据《中华人民共和国保险法》《中华人民共和国合同法》《中华人民共和国民事诉讼法》等法律规定，结合审判实践，就保险法中关于保险合同章人身保险部分有关法律适用问题解释如下：

第一条 当事人订立以死亡为给付保险金条件的合同，根据保险法第三十四条的规定，"被保险人同意并认可保险金额"可以采取书面形式、口头形式或者其他形式；可以在合同订立时作出，也可以在合同订立后追认。

有下列情形之一的，应认定为被保险人同意投保人为其订立保险合同并认可保险金额：

（一）被保险人明知他人代其签名同意而未表示异议的；

（二）被保险人同意投保人指定的受益人的；

（三）有证据足以认定被保险人同意投保人为其投保的其他情形。

第二条 被保险人以书面形式通知保险人和投保人撤销其依据保险法第三十四条第一款规定所作出的同意意思表示的，可认定为保险合同解除。

第三条 人民法院审理人身保险合同纠纷案件时，应主动审查投保人订立保险合同时是否具有保险利益，以及以死亡为给付保险金条件的合同是否经过被保险人同意并认可保险金额。

第四条 保险合同订立后，因投保人丧失对被保险人的保险利益，当事人主张保险合同无效的，人民法院不予支持。

第五条 保险合同订立时，被保险人根据保险人的要求在指定医疗服务机构进行体检，当事人主张投保人如实告知义务免除的，人民法院不予支持。

保险人知道被保险人的体检结果，仍以投保人未就相关情况履行如实告知义务为由要求解除合同的，人民法院不予支持。

第六条 未成年人父母之外的其他履行监护职责的人为未成年人订立以死亡为给付保险金条件的合同，当事人主张参照保险法第三十三条第二款、第三十四条第三款的规定认定该合同有效的，人民法院不予支持，但经未成年人父母同意的除外。

第七条 当事人以被保险人、受益人或者他人已经代为支付保险费为由，主张投保人对应的交费义务已经履行的，人民法院应予支持。

第八条 保险合同效力依照保险法第三十六条规定中止，投保人提出恢复效力申请并同意补交保险费的，除被保险人的危险程度在中止期间显著增加外，保险人拒绝恢复效力的，人民法院不予支持。

保险人在收到恢复效力申请后，三十日内未明确拒绝的，应认定为同意恢复效力。

保险合同自投保人补交保险费之日恢复效力。保险人要求投保人补交相应利息的，人民法院应予支持。

第九条 投保人指定受益人未经被保险人同意的，人民法院应认定指定行为无效。

当事人对保险合同约定的受益人存在争议，除投保人、被保险人在保险合同之外另有约定外，按照以下情形分别处理：

（一）受益人约定为"法定"或者"法定继承人"的，以继承法规定的法定继承人为受益人；

（二）受益人仅约定为身份关系，投保人与被保险人为同一主体的，根据保险事故发生时与被保险人的身份关系确定受益人；投保人与被保险人为不同主体的，根据保险合同成立时与被保险人的身份关系确定受益人；

（三）受益人的约定包括姓名和身份关系，保险事故发生时身份关系发生变化的，认定为未指定受益人。

第十条 投保人或者被保险人变更受益人，当事人主张变更行为自变更意思表示发出时生效的，人民法院应予支持。

投保人或者被保险人变更受益人未通知保险人，保险人主张变更对其不发生效力的，人民法院应予支持。

投保人变更受益人未经被保险人同意的，人民法院应认定变更行为无效。

第十一条 投保人或者被保险人在保险事故发生后变更受益人，变更后的受益人请求保险人给付保险金的，人民法院不予支持。

第十二条 投保人或者被保险人指定数人为受益人，部分受益人在保险事故发生前死亡、放弃受益权或者依法丧失受益权的，该受益人应得的受益份额按照保险合同的约定处理；保险合同没有约定或者约定不明的，该受益人应得的受益份额按照以下情形分别处理：

（一）未约定受益顺序和受益份额的，由其他受益人平均享有；

（二）未约定受益顺序但约定受益份额的，由其他受益人按照相应比例享有；

（三）约定受益顺序但未约定受益份额的，由同顺序的其他受益人平均享有；同一顺序没有其他受益人的，由后一顺序的受益人平均享有；

（四）约定受益顺序和受益份额的，由同顺序的其他受益人按照相应比例享有；同一顺序没有其他受益人的，由后一顺序的受益人按照相应比例享有。

第十三条 保险事故发生后，受益人将与本次保险事故相对应的全部或者部分保险金请求权转让给第三人 ，当事人主张该转让行为有效的，人民法院应予支持，但根据合同性质、当事人约定或者法律规定不得转让的除外。

第十四条　保险金根据保险法第四十二条规定作为被保险人的遗产，被保险人的继承人要求保险人给付保险金，保险人以其已向持有保险单的被保险人的其他继承人给付保险金为由抗辩的，人民法院应予支持。

第十五条　受益人与被保险人存在继承关系，在同一事件中死亡且不能确定死亡先后顺序的，人民法院应根据保险法第四十二条第二款的规定推定受益人死亡在先，并按照保险法及本解释的相关规定确定保险金归属。

第十六条　保险合同解除时，投保人与被保险人、受益人为不同主体，被保险人或者受益人要求退还保险单的现金价值的，人民法院不予支持，但保险合同另有约定的除外。

投保人故意造成被保险人死亡、伤残或者疾病，保险人依照保险法第四十三条规定退还保险单的现金价值的，其他权利人按照被保险人、被保险人继承人的顺序确定。

第十七条　投保人解除保险合同，当事人以其解除合同未经被保险人或者受益人同意为由主张解除行为无效的，人民法院不予支持，但被保险人或者受益人已向投保人支付相当于保险单现金价值的款项并通知保险人的除外。

第十八条　保险人给付费用补偿型的医疗费用保险金时，主张扣减被保险人从公费医疗或者社会医疗保险取得的赔偿金额的，应当证明该保险产品在厘定医疗费用保险费率时已经将公费医疗或者社会医疗保险部分相应扣除，并按照扣减后的标准收取保险费。

第十九条　保险合同约定按照基本医疗保险的标准核定医疗费用，保险人以被保险人的医疗支出超出基本医疗保险范围为由拒绝给付保险金的，人民法院不予支持；保险人有证据证明被保险人支出的费用超过基本医疗保险同类医疗费用标准，要求对超出部分拒绝给付保险金的，人民法院应予支持。

第二十条　保险人以被保险人未在保险合同约定的医疗服务机构接受治疗为由拒绝给付保险金的，人民法院应予支持，但被保险人因情况紧急必须立即就医的除外。

第二十一条　保险人以被保险人自杀为由拒绝给付保险金的，由保险人承担举证责任。

受益人或者被保险人的继承人以被保险人自杀时无民事行为能力为由抗辩的，由其承担举证责任。

第二十二条　保险法第四十五条规定的"被保险人故意犯罪"的认定，应当以刑事侦查机关、检察机关和审判机关的生效法律文书或者其他结论性意见为依据。

第二十三条　保险人主张根据保险法第四十五条的规定不承担给付保险金责任的，应当证明被保险人的死亡、伤残结果与其实施的故意犯罪或者抗拒依法采取的刑事强制措施的行为之间存在因果关系。

被保险人在羁押、服刑期间因意外或者疾病造成伤残或者死亡，保险人主张根据保险法第四十五条的规定不承担给付保险金责任的，人民法院不予支持。

第二十四条　投保人为被保险人订立以死亡为给付保险金条件的保险合同，被保险人被宣告死亡后，当事人要求保险人按照保险合同约定给付保险金的，人民法院应予支持。

被保险人被宣告死亡之日在保险责任期间之外，但有证据证明下落不明之日在保险责任期间之内，当事人要求保险人按照保险合同约定给付保险金的，人民法院应予支持。

第二十五条 被保险人的损失系由承保事故或者非承保事故、免责事由造成难以确定，当事人请求保险人给付保险金的，人民法院可以按照相应比例予以支持。

第二十六条 本解释自 2015 年 12 月 1 日起施行。本解释施行后尚未终审的保险合同纠纷案件，适用本解释；本解释施行前已经终审，当事人申请再审或者按照审判监督程序决定再审的案件，不适用本解释。

最高人民法院
关于适用《中华人民共和国保险法》若干问题的解释（四）

（2018 年 5 月 14 日最高人民法院审判委员会第 1738 次会议通过；2018 年 7 月 31 日公布；自 2018 年 9 月 1 日起施行） 法释〔2018〕13 号

为正确审理保险合同纠纷案件，切实维护当事人的合法权益，根据《中华人民共和国保险法》《中华人民共和国合同法》《中华人民共和国民事诉讼法》等法律规定，结合审判实践，就保险法中财产保险合同部分有关法律适用问题解释如下：

第一条 保险标的已交付受让人，但尚未依法办理所有权变更登记，承担保险标的毁损灭失风险的受让人，依照保险法第四十八条、第四十九条的规定主张行使被保险人权利的，人民法院应予支持。

第二条 保险人已向投保人履行了保险法规定的提示和明确说明义务，保险标的受让人以保险标的转让后保险人未向其提示或者明确说明为由，主张免除保险人责任的条款不生效的，人民法院不予支持。

第三条 被保险人死亡，继承保险标的的当事人主张承继被保险人的权利和义务的，人民法院应予支持。

第四条 人民法院认定保险标的是否构成保险法第四十九条、第五十二条规定的"危险程度显著增加"时，应当综合考虑以下因素：

（一）保险标的的用途的改变；

（二）保险标的的使用范围的改变；

（三）保险标的的所处环境的变化；

（四）保险标的的因改装等原因引起的变化；

（五）保险标的的使用人或者管理人的改变；

（六）危险程度增加持续的时间；

（七）其他可能导致危险程度显著增加的因素。

保险标的危险程度虽然增加，但增加的危险属于保险合同订立时保险人预见或者应当预见的保险合同承保范围的，不构成危险程度显著增加。

第五条 被保险人、受让人依法及时向保险人发出保险标的转让通知后，保险人作出答复前，发生保险事故，被保险人或者受让人主张保险人按照保险合同承担赔偿保险金的责任的，人民法院应予支持。

第六条 保险事故发生后，被保险人依照保险法第五十七条的规定，请求保险人承担为防止或者减少保险标的的损失所支付的必要、合理费用，保险人以被保险人采取的措施未产生实际效果为由抗辩的，人民法院不予支持。

第七条 保险人依照保险法第六十条的规定，主张代位行使被保险人因第三者侵权或者违约等享有的请求赔偿的权利的，人民法院应予支持。

第八条 投保人和被保险人为不同主体，因投保人对保险标的的损害而造成保险事故，保险人依法主张代位行使被保险人对投保人请求赔偿的权利的，人民法院应予支持，但法律另有规定或者保险合同另有约定的除外。

第九条 在保险人以第三者为被告提起的代位求偿权之诉中，第三者以被保险人在保险合同订立前已放弃对其请求赔偿的权利为由进行抗辩，人民法院认定上述放弃行为合法有效，保险人就相应部分主张行使代位求偿权的，人民法院不予支持。

保险合同订立时，保险人就是否存在上述放弃情形提出询问，投保人未如实告知，导致保险人不能代位行使请求赔偿的权利，保险人请求返还相应保险金的，人民法院应予支持，但保险人知道或者应当知道上述情形仍同意承保的除外。

第十条 因第三者对保险标的的损害而造成保险事故，保险人获得代位请求赔偿的权利的情况未通知第三者或者通知到达第三者前，第三者在被保险人已经从保险人处获赔的范围内又向被保险人作出赔偿，保险人主张代位行使被保险人对第三者请求赔偿的权利的，人民法院不予支持。保险人就相应保险金主张被保险人返还的，人民法院应予支持。

保险人获得代位请求赔偿的权利的情况已经通知到第三者，第三者又向被保险人作出赔偿，保险人主张代位行使请求赔偿的权利，第三者以其已经向被保险人赔偿为由抗辩的，人民法院不予支持。

第十一条 被保险人因故意或者重大过失未履行保险法第六十三条规定的义务，致使保险人未能行使或者未能全部行使代位请求赔偿的权利，保险人主张在其损失范围内扣减或者返还相应保险金的，人民法院应予支持。

第十二条 保险人以造成保险事故的第三者为被告提起代位求偿权之诉的，以被保险人与第三者之间的法律关系确定管辖法院。

第十三条 保险人提起代位求偿权之诉时，被保险人已经向第三者提起诉讼的，人民法院可以依法合并审理。

保险人行使代位求偿权时，被保险人已经向第三者提起诉讼，保险人向受理该案的人民法院申请变更当事人，代位行使被保险人对第三者请求赔偿的权利，被保险人同意的，人民法院应予准许；被保险人不同意的，保险人可以作为共同原告参加诉讼。

第十四条 具有下列情形之一的，被保险人可以依照保险法第六十五条第二款的规定请求保险人直接向第三者赔偿保险金：

（一）被保险人对第三者所负的赔偿责任经人民法院生效裁判、仲裁裁决确认；

（二）被保险人对第三者所负的赔偿责任经被保险人与第三者协商一致；

（三）被保险人对第三者应负的赔偿责任能够确定的其他情形。

前款规定的情形下，保险人主张按照保险合同确定保险赔偿责任的，人民法院应予支持。

第十五条 被保险人对第三者应负的赔偿责任确定后，被保险人不履行赔偿责任，且第三者以保险人为被告或者以保险人与被保险人为共同被告提起诉讼时，被保险人尚未向保险人提出直接向第三者赔偿保险金的请求的，可以认定为属于保险法第六十五条第二款规定的"被保险人怠于请求"的情形。

第十六条 责任保险的被保险人因共同侵权依法承担连带责任，保险人以该连带责任超出被保险人应承担的责任份额为由，拒绝赔付保险金的，人民法院不予支持。保险人承担保险责任后，主张就超出被保险人责任份额的部分向其他连带责任人追偿的，人民法院应予支持。

第十七条 责任保险的被保险人对第三者所负的赔偿责任已经生效判决确认并已进入执行程序，但未获得清偿或者未获得全部清偿，第三者依法请求保险人赔偿保险金，保险人以前述生效判决已进入执行程序为由抗辩的，人民法院不予支持。

第十八条 商业责任险的被保险人向保险人请求赔偿保险金的诉讼时效期间，自被保险人对第三者应负的赔偿责任确定之日起计算。

第十九条 责任保险的被保险人与第三者就被保险人的赔偿责任达成和解协议且经保险人认可，被保险人主张保险人在保险合同范围内依据和解协议承担保险责任的，人民法院应予支持。

被保险人与第三者就被保险人的赔偿责任达成和解协议，未经保险人认可，保险人主张对保险责任范围以及赔偿数额重新予以核定的，人民法院应予支持。

第二十条 责任保险的保险人在被保险人向第三者赔偿之前向被保险人赔偿保险金，第三者依照保险法第六十五条第二款的规定行使保险金请求权时，保险人以其已向被保险人赔偿为由拒绝赔偿保险金的，人民法院不予支持。保险人向第三者赔偿后，请求被保险人返还相应保险金的，人民法院应予支持。

第二十一条 本解释自2018年9月1日起施行。

本解释施行后人民法院正在审理的一审、二审案件，适用本解释；本解释施行前已经终审，当事人申请再审或者按照审判监督程序决定再审的案件，不适用本解释。